발표불안은 어떻게 명품 스피치가 되는가

발표불안은 어떻게 명품 스피치가 되는가

발행일	2023년 5월 31일		
지은이	강은영, 강이청, 김경희, 김소진, 김수아, 김태경, 박지연, 이민정, 이석경, 최향미		
펴낸이	손형국		
펴낸곳	(주)북랩		
편집인	선일영	편집	정두철, 배진용, 윤용민, 김부경, 김다빈
디자인	이현수, 김민하, 김영주, 안유경, 최성경	제작	박기성, 황동현, 구성우, 배상진
마케팅	김회란, 박진관		
출판등록	2004. 12. 1(제2012-000051호)		
주소	서울특별시 금천구 가산디지털 1로 168, 우림라이온스밸리 B동 B113~114호, C동 B101호		
홈페이지	www.book.co.kr		
전화번호	(02)2026-5777	팩스	(02)3159-9637
ISBN	979-11-6836-932-0 03320 (종이책)	979-11-6836-933-7 05320 (전자책)	

(주)북랩 성공출판의 파트너

북랩 홈페이지와 패밀리 사이트에서 다양한 출판 솔루션을 만나 보세요!

홈페이지 book.co.kr • **블로그** blog.naver.com/essaybook • **출판문의** book@book.co.kr

작가 연락처 문의 ▶ ask.book.co.kr

작가 연락처는 개인정보이므로 북랩에서 알려드릴 수 없습니다.

발표불안은
어떻게
명품 스피치가
되는가

강은영, 강이청, 김경희, 김소진, 김수아
김태경, 박지연, 이민정, 이석경, 최향미 지음

북랩

들어가는 글

　어릴 때 나는 가족이나 친구들이 모인 자리에서는 말을 잘했지만 낯선 사람들 앞에서는 꿀 먹은 벙어리가 되었다. 그 후 '나는 사람들 앞에서 말을 못하는 사람이야!'라고 나를 규정지어 버렸다. 콘크리트처럼 굳어 버린 자기 규정 때문에 나에게 발표불안은 극복할 수 없는 큰 벽이 되었다.

　어른이 되면 발표불안 때문에 고통받는 일은 없을 줄 알았다. 그런데 더 발표할 일이 많은 게 아닌가. 회사에서 업무 보고를 해야 하거나 아이들 학교에 가서도 발표할 일이 생겼다. 이뿐만 아니라, 모임에 나가면 자기소개를 시켰고, 독서 모임에서는 내용을 요약해서 발표를 해야 했다. 발표는 나를 계속 따라다녔다. 피한다고 해결될 문제가 아니라면 부딪쳐 보기로 했다.

　생각하는 대로 보이는 걸까. 우연히 MKYU(김미경 대학) 미니 챌린지에서 발표불안 극복 스피치를 알게 되었다. 그때 강은영 선생님을 처음 만났다. 선생님은 발표불안 환자였다고 하시면서 과거의 사진을 보여 주셨다. 사진 속의 선생님은 다른 사람이었다. 자신감도 없어 보였고 지금처럼 에너지가 전혀 느껴지지 않았다. 지금 선생님의 모습을 보면 발표불안이 있었다는 것이 믿겨지지 않을 정도로 열정이 넘친다. 자신감과 에너지가 넘치는 선생님을 보면서 나도 선생님처럼 될 수 있겠다는 희망이 생겼다.

　발표불안이라는 같은 공감대를 가진 분들과 매주 스피치 수업을 들었다. 동질감 때문일까. 서로 잘해야 한다는 부담감이 없어서 편했다. 우리는 서로를 '보배님(보고 배우는 사람)'이라고 불렀다. 서로 보고 배우고 칭찬하면서 발표불안을 극복해 나갔다. 우리는 단톡방에서도 '나사랑(나를 사랑하는 시간)'을 하면서 자존감을 키워 나갔다. 매일 긍정 확언, 미소 셀카, 감사 일기, 칭찬 일기, 나에게 주는 선물을 하면서 나를 사랑하게 되었다. 그중에서 긍정 확언 자기 암시는 자존감을 올리기 위한 최고의 방법 중 하나라고 생각한다. 나는 아침에 일어나자마자 긍정 확언을 외친다. 자기 암시는 잠재의식에 영향을 미치는 도구이기 때문이다. 나사랑 훈련을 통해서 우리는 멘탈이 강해지고 자존감이 높아진 것을 경험했다. 예전엔 작은 일에도 쉽게 멘탈이 나가고 무너졌지만 이제는 회복하는 속도가 빨라졌다. 더 신기한 건 나사랑을 하면서 발표불안이 자연스럽게 극복이 되었다. 발표불안을 해결하기 위해서는 기술적인 부분을 배워야만 한다고 생각했는데 그 방법은 내 안에 있었다.
　스피치를 배우기 전과 지금의 나는 다른 사람이 되었다. 스피치를 통해서 나를 알고 나를 제대로 보기 시작했다. 나뿐만 아니라 이 책을 쓴 9명의 보배님들도 마찬가지다. 발표라는 말만 들어도 도망가고 싶었던 우리가 이제는 발표와 편하게 마주하고 있다. '할 수 없다'라고 말하던 우리가 이제는 '할 수 있다'라고 한 목소리로 말하고 있다. 스피치 수업이 종강되었지만 우리는 아직도 발표 연습을 한다. 스피치 재교육을 받으면서 발표하는 환경에 계속 노출시키고 있다. 불안이 이제는 두려움이 아니라 설렘이 되었기 때문이다. 두려움이 있다는 것은 도전할 거리가 있다는 것이다.

나는 이제 내 안에 숨겨져 있던 능력들이 얼마나 많은지 확실히 알게 되었다. 스피치를 배우면서 나의 가능성을 알게 되었고 숨겨진 보석을 찾을 수 있었다. 이 책을 읽는 여러분들도 곧 자신만의 빛나는 보석을 찾게 될 것이다.

이 책은 발표불안을 간절하게 극복하고 싶었던 보배님들 10명의 변화와 성장 과정의 기록들이 담겨 있다. 발표 때문에 고통스러웠던 경험과 극복 과정들을 진솔하게 풀어 주었다. 우리의 이야기가 발표불안으로 힘들어하는 사람들에게 도움이 되길 바라는 마음으로 글을 썼다. 진솔한 이야기는 경험한 사람만이 할 수 있다. 경험은 증거이며 노하우이기 때문이다. 나는 이제 꿀 먹은 벙어리가 아니다. 어디서든 당당하고 자신 있게 말하는 사람이 되었다. 내가 했으면 당신도 반드시 할 수 있다. 뜨겁게 당신을 응원한다.

꿈을 향해 도전하며 가슴 설레는 삶을 즐기는

김태경 작가

목차

1장 나는 왜 당당하게 내 생각을 말하지 못하는 것일까

2장 속이 뻥 뚫리다

3장 발표불안 극복을 위한 노하우

4장 여전히 말하기가 힘들다면

5장 내 삶을 말한다는 것

나는 왜 당당하게
내 생각을 말하지 못하는 것일까

나를 불안에서 지켜 주는 것
(강은영)

부모님은 자수성가를 하셨다. 덕분에 스무 살 때까지 남부럽지 않게 살았다. 가정 형편이 어려웠던 친구들은 용돈을 벌기 위해 아르바이트를 했지만 나는 엄마가 주는 용돈으로 편하게 학창 시절을 보냈다. 고등학교 때는 공부도 하지 않으면서 출판사별로 문제집만 잔뜩 샀다. 대학교 때는 친구들이 삐삐를 가지고 다닐 때 핸드폰을 가지고 다녔다. 돈 때문에 힘들어한 적이 한 번도 없었다. 나는 평생 이렇게 걱정 없이 풍족하게 살 줄 알았다.

불행은 예고 없이 온다고 했던가. 엄마의 실수로 갑자기 집이 부도가 났다. 순식간에 일어난 일이라 정신을 차릴 수가 없었다. 매일 빚쟁이들이 찾아왔고 아버지는 충격으로 쓰러지셨다. 빚을 갚을 방도가 없었던 우리 가족은 어쩔 수 없이 야반도주를 했다. 돈한 푼 없이 도망쳤기 때문에 네 식구가 함께 살 곳이 없었다. 다행히 이모의 도움으로 작은 단칸방을 얻을 수 있었다. 부모님은 타지에서 어떻게 먹고살아야 할지 막막해하셨다.

나는 학교를 휴학하고 가족을 위해서 돈을 벌어야 했다. 그때부터 가리지 않고 닥치는 대로 일을 했다. 힘들어도 가족을 위해 버티고 견뎠다. 어깨의 무거운 짐 때문일까. 밝고 쾌활했던 나는 점점 말이 없고 웃지 않는 사람이 되어 갔다.

21살 때 친구의 소개로 자동차 공장에 입사를 했다. 자동차 부품을 만드는 곳이라 위험한 라인도 있었다. 작업장에서는 작업복을 입고 머리카락을 묶어서 모자를 써야 한다. 기계가 작동하고 컨베이어 벨트가 돌아가는 공장에서는 특히 안전사고에 유의해야 한다. 그때 나는 안전사고는 나와 상관이 없다고 생각했다. 안전불감증 때문에 사고가 날 줄은 꿈에도 몰랐다.

사고 당일 머리 스타일이 구겨질까 봐 모자를 쓰지 않고 긴 생머리를 풀어헤치고 라인을 돌아다녔다. 사고는 예고 없이 일어난다. 작업을 하다가 장비 밑에 있는 체크시트를 꺼내려고 고개를 숙였다. 순간, 머리카락이 컨베이어 벨트로 빨려 들어가는 게 아닌가. 벨트에서 머리카락을 빼려고 두 손으로 힘껏 머리카락을 잡아당겼지만 속수무책이었다. 생존 본능이 올라왔다.

"빨간 버튼!"

동물 같은 괴성이 작업장에 울려 퍼졌다. 옆에서 작업하는 동료가 놀라 달려와 비상 버튼을 눌러 줬다. 그 순간 공장 안 기계가 모두 멈췄다. 정적이 흘렀다. 나는 컨베이어 벨트에 얼굴을 맞댄 채 움직일 수가 없었다. 눈을 뜰 수가 없었다. 아픈 것보다 창피했다. 쥐구멍이 있다면 들어가고 싶었다. 사람들은 불구경하듯 나를 쳐다보았다. 그때 나를 쳐다보는 눈동자들을 잊을 수가 없다. 만약 비상 버튼을 누르지 않았다면 얼굴 피부까지 빨려 들어갔을 것이다. 생각만 해도 끔찍하다. 그 이후로 나는 사람들의 눈을 제대로 쳐다보지 못했다.

'저 사람이 나를 어떻게 생각할까?', '내가 못났다고 비웃진 않을까?' 타인을 의식하는 병이 생겨 버렸다.

어느 날 갑자기 장비가 고장이 났다. 생산 라인은 하루에도 열두 번 장비가 고장 난다. 생산이 멈출 때마다 작업반장님은 그 시간에 장비 교육을 해 주신다. 그날은 반장님이 바빠서 나에게 작업자들 교육을 맡기셨다. 발표할 생각에 심장이 방망이질하기 시작했다. 피할 수 있는 상황이 아니었다. 작업자들이 나를 둘러싸고 내 눈만 쳐다보고 있었다.

"이… 장비를…… 사…용…하는…, 방…법은……."

입을 떼는 순간 몸이 사시나무처럼 떨리고 손은 수전증 걸린 사람이 되었다. 염소처럼 떨리는 목소리 때문에 제대로 말을 할 수가 없었다. 다들 나를 안쓰러운 눈으로 쳐다보았다. 사람들의 코웃음 치는 소리도 들려왔다. 점점 내 목소리는 개미 소리가 됐다.

1시간이 어떻게 지나갔는지 모르겠다. 등에 땀이 흥건하게 젖었다. 화장실로 달려갔다. 붉게 달아오른 얼굴을 보자 눈물이 볼을 타고 흘러내렸다. 학창 시절, 발표하다가 아이들이 나를 비웃었던 일이 비디오처럼 스쳐 지나갔다. 과거의 발표 실패 경험이 무의식에 각인이 돼서 나를 계속 괴롭혔다.

그 이후로 발표하는 상황이 되면 몸이 즉각적으로 반응했다. 얼굴은 빨갛게 달아오르고 호흡도 빨라졌다. 숨이 턱 막힐 때마다 죽을 수도 있겠다는 공포감이 밀려왔다. 왜 나는 말만 하면 떨릴까. 회사를 그만두고 싶었다. 하지만 회사를 그만두면 가족의 생계가 막막했기 때문에 내 마음대로 할 수도 없었다. 매일 회사 가는 것이 지옥이었다. 지옥 같은 회사를 탈출할 수 있는 방법이 없을까.

"그래, 결혼을 하자."

탈출구가 결혼이라고 생각했다. 그렇게 나는 대책 없이 결혼을 했다. 때마침 회사에서 희망퇴직 공고가 떴다. 1년치 연봉을 받고 퇴사하는 조건이었다. 고민도 하지 않고 제일 먼저 손을 들었다.

이제 발표할 일은 없겠지. 결혼하고 아이를 낳으면 발표할 일이 없을 거라 생각했다. 그런데 아이들 유치원 모임에서 자기소개를 시키는 것이 아닌가. 발표는 정말 죽을 때까지 따라다니는 거머리 같았다. 발표불안 때문에 어떤 모임도 참석하지 않았다. 은둔자처럼 아무도 만나지 않았다. 타인의 시선이 싫었다.

사실 타인의 시선은 존재하지 않는다. 타인의 시선을 의식하는 '나'만 존재할 뿐이다. 그땐 왜 그렇게 두렵고 무서웠을까. 나를 보는 시선이 곧 타인이 보는 시선이었다. 내가 나를 사랑스러운 시선으로 바라봐 주지 않아서 그렇게 보였던 건 아닐까.

이제 나는 타인의 시선이 두렵지 않다. 이 사실을 나를 사랑하고

부터 알게 됐다. 타인의 잣대에서 벗어나 내 안의 진짜 나를 만나게 되면서 나를 더 이상 함부로 대하지 않는다. 뒤늦게 깨달았지만 지금이라도 알게 돼서 참 다행이다. 부족해도 괜찮다. 잘하지 않아도 괜찮다. 내 존재를 알기만 해도 내가 사랑스러워진다. 타인의 눈이 아닌 내 눈으로 나를 사랑스럽게 바라봐 주는 것. 그것이 나를 불안에서 지켜 주었다.

　지금까지 나를 위한 삶보다 가족, 타인을 위한 삶을 살아왔다. 이제 나에게 말해 주고 싶다. 이제 너를 위해 살아도 괜찮다고.

1-2 사막에서도, 북극에서도 꽃을 피우는 건 나 자신이다 (강이청)

"강…이…청? 청? 강이청이 누구야? 이름 특이하네. 나와서 수학 문제 풀어 보세요."

헉. 이놈의 이름은 어딜 가나 튄다. 그 시절 선생님들은 왜 그렇게 번호를 좋아하시고 특이한 이름을 찾았는지 모르겠다. 이름을 꼭 '이청'으로 지어야 한다던 엄마 꿈속의 할아버지가 원망스러웠다.

나한테 수학은 그저 '어렵고 막막한' 과목이었다. 기본기, 체계 따위 없었다. 학년이 올라갈수록 거부감은 심해졌다. 수학 선생님이 싫었다. 앞에 나가서 문제를 푸는 시간은 그야말로 지옥이나 다름없었다. 눈물이 쏟아질 것 같았다. 친구들이 수군거릴까 봐 창피했다. 끝내 문제를 풀지 못하면 선생님이 때리기도 했다. 얼굴은 빨개졌고, 정수리에는 한기가 돌았다. 목은 뻐근했고 머리는 깨질 듯했다. 계속 서 있어야 하나. 에라, 모르겠다.

"그냥 맞을게요!"

왜 아무도 없었을까. 못해도 괜찮다고, 할 수 있다고, 따뜻하고 차분한 목소리로 알려 주는 사람이. 그리고 그땐 왜 말하지 못했을까? 못하면 못한다고, 다시 한 번 설명해 달라고.

남의 시선을 신경 쓰고 눈치를 많이 봤다. 수군거림이 싫었다. 나를 깎아내리는 말들이 무서웠다. 살아 내고서야 알았다. 그때 나만 수학 문제를 못 풀었던 건 아니었겠지. 말을 안 했을 뿐……

생활 기록부에 자주 등장하던 '밝고, 명랑하고 쾌활함'이라는 내 문구들은 '내성적'이라는 단어로 바뀌었다.

그랬던 나도 이젠 달라졌다. 모르는 게 있고 배우고 싶은 게 있으면 뭐든 경험해 보는 사람이 되었다. 일단 부딪쳐 보자. 뭐든 물어보자. 깨달아야 온전히 내 것이 된다. 모르는 건 많이 물어봐야 한다고 내 아이들에게 가르쳤더니 반에서 질문이 가장 많은 아이들이 됐다. 그럼 됐다. 멍청한 것과 미련한 것은 다르다고 했던가. 모른다고 말을 못 해서 무지하게 살지 말고, 물어보고 배워라.

그런데……; 누가 내 인생이 이럴 줄 알았나? 인생은 랜덤이라더니. 내 인생에 사막과 북극이 동시에 찾아왔다.

"둘째가 침을 너무 많이 흘리는데, 큰 병원에 가서 검사 한 번 받아 보는 게 어떻니?"

유독 침을 많이 흘리던 둘째를 보시며 아빠가 말씀하셨다. 하루에 가제 수건 20~30장씩을 갈아야 했다. 둔하고 발달이 느렸던 꼬마 돼지 둘째는 발달 지연과 자폐의 사이에서 혼란스러워하는 나에게, '자폐아라는 수식어, 장애아의 엄마라는 꼬리표를 달아 주었다.

일찍 결혼해서 세상 물정 모르던 나는 자폐라는 말에도 아무런 생각이 나지 않았다.

"장애인 등록 해야지."

신랑이 말했다. 쿵. 심장이 갑자기 무거워지면서 바닥에 떨어졌다. 삐——, 멍……. 아무런 소리도 생각도 나지 않았다. 머릿속이 하얘졌다. 떨어진 심장을 다시 주워 붙이는데 몇 분이 흘렀는지 모른다. 눈물도 안 났다. 인정하기 싫었다.

겪어 보지 않았던 세상. 그 길로 들어가는 문이 열렸다. 신차를 뽑으면 장애인이 있어서 취·등록세가 면제된단다. 그런 것 필요 없으니까 정상인으로 만들어 주었으면 좋겠다고 생각했다.

이웃 언니네 가족들과 종종 아이들을 데리고 바다 갯벌에 가서 조개도 캐고, 놀이터에서 도란도란 아이들 노는 모습을 보며 이야기도 하곤 했다. 어느 날부터인가 둘째가 내는 이상한 소리가 거슬렸다. 돌발 행동이 늘었다. 같은 말을 자꾸 반복했다. 나와 내 아이를 보는 다른 사람의 시선이 무서워졌다. 정확하게 말하면 "쟤 왜 저래? 어디 이상한 거 아냐?" 이 말을 들을까 봐 자리를 피했다. 민망했다. 싫었다. 사람들과의 관계에 벽을 쳤다.

어디서부터 잘못됐을까……. 내가 임신 중에 뭘 잘못 먹었나? 온갖 이유를 들어 나를 탓했다. 스스로 화살을 내 가슴에 쏘았다. 어두운 우울의 땅굴 속으로 자꾸만 들어가고 싶었다. 동생, 형 때문에 괜한 손가락질이나 눈치를 보게 될 아이들이 걱정되어 다른 두 아이는 학교도 다른 곳으로 보냈다. 큰아이와 막내 아이의 학교에 갈 때면 당당함이 어깨까지 올라왔지만, 둘째 아이 학교에 갈 때면 이유 모를 죄책감과 좌절이 밀려왔다. 어르신들이 한 번씩 하시던 말이 생각났다. '그냥 둘이 아무도 없는 절에 가서 살까?'

한동안 그랬다.

'정말 운도 없네. 왜 하필 나야. 내가 왜 이렇게 살아야 해? 내 인생이 너 때문에 다 꼬였어!'

나 자신에게조차 부정적인 말을 하며 살았다.

밥을 두 공기 퍼서 한쪽에는 매일 욕만 해 주고, 한쪽에는 매일 칭찬만 해 주는 그런 실험 이야기를 한 번쯤은 들어 봤을 거다.

결혼 전부터 신랑은 내가 애정 표현을 해도 내가 표현하는 것의 절반도 돌려주지 않았다. 서운함을 토로하면 냉전으로 번졌다. 보수적이고 무뚝뚝하다는 부산 남자라서일까? 나를 거부하는 건가, 하는 오해도 생겼다. 몇 번 대화를 해 보니 가지고 태어난 기질과 성향이 그랬던 듯싶다. 아니면 사랑 주는 것에 미숙하던가. 나는 그 반대로 남에게 잘해 주는 건 편하지만 받는 게 불편한 사람이다. 사랑받는 것에 미숙한 사람인 것이다. 표현의 차이는 개인마다 다르다. 하지만 매번 '안 돼', '아니야', '싫어', '됐어' 같은 부정적인 말만 하면 스치는 말일지라도 남에게 상처가 될 수 있다. 오해의 싹을 틔우는 환경을 만들면 안 된다. 불편함의 싹이 트고서야 맺은 열매에는 독만 가득할 뿐이다. 좋은 건 좋은 거다. 긍정의 싹에서 자라는 사랑의 열매는 '밝음'이라는 꽃을 피운다.

서울대학교 소아정신과 김붕년 교수님께서 말씀하셨다.

"아이의 타고난 성향이 그런 것이지 그 누구의 탓도, 잘못도 아닙니다. 자책하지 마세요."

그 말이 위로로 다가온 건 몇 년 안 됐다.

만약에 내가 이런 상황이 아니라 첫째만 낳고, 그 나름 자유롭고 부유하게 살았더라면 지금의 이런 깨달음들은 접하지 못했을 것이다. 나는 그저 평범함을 바랐지만 절대 평범할 수 없다. 그래서 내가 처한 상황, 환경에 맞는 평범함을 설정했다. 누구에게나 평범의 기준은 다르다. 스스로 단념하면서 내 멘탈을 잡았고, 내가 겪은 힘듦과 고통들 덕분에 나는 메말라 버린 사막에서도, 추운 얼음 땅에서도 꽃을 피울 수 있는 방법을 알았다.

이제 막 그 싹을 틔우는 중이다.

풀리지 않는 수학 문제
(김경희)

오가는 버스가 드물어 한적하다 못해 조용한 골짜기가 있었다. 소와 염소가 만든 화음에 닭이 고음을 내지르던 합창의 한 가운데, 나는 야윈 막내딸로 태어났다. 적막한 산속에서 딱히 놀거리가 없어 동생이랑 집 앞동산에 올라가 잔가지를 줍는 일이 전부였다. 위로 두 언니는 늘 함께 다녔고 남동생을 돌봐야 했던 난 매번 혼자였다. 가족이 있었음에도 외로웠다. 동네는 작았고 친구는 많지 않았다. 소심하고 어렸던 나의 몸은 쉽사리 기댈 곳도, 마음 놓고 누울 곳도 부족했다.

지독히도 가난했다. 엄마는 자식을 먹여 살려 보겠다고 들로 산으로 일을 하며 쫓아다녔다. 엄마의 결혼은 행복하기보다 고단했다. 아버지는 술주정뱅이였다. 술만 마시면 가족에게 주먹을 휘둘렀다. 밤이 되면 언니와 동생과 함께 도망 다니기 바빴고, 저녁밥은 굶기 일쑤였다. 배가 고팠다. 추웠다. 딱히 갈 곳도 없었다. 늘 풀이 죽어 있었고, 말도 별로 하지 않았다. 자존감은 바닥이었다. 세상이 두려웠다. 남자가 무서웠다. 허나 웃기게도 나는 부모의 사랑이 고팠다. 허구한 날 술을 마시고 폭력을 일삼던 아버지의 무서운 모습 뒤에 가려진 정이 그리웠다. 툭하면 삐쳐 있던 난 가족의 보살핌과 사랑을 애타게 원했다.

하루는 아침에 일어나 빗자루를 들고 마당을 쓸었다. 늘 술에 취해 있는 아버지는 아침이 되면 언제 그랬냐는 듯 새하얀 얼굴로 나를 맞아 주었다. 마당을 쓸고 있는 나를 보며 아버지가 한마디 했다.

"아이고, 갱희가 착하네!"

이름도 똑바로 부르지 못하는 아버지 입에서 나오는 한마디가 그렇게 좋았다. 난 연신 싱글거리며 좋아했다. 벌과 싸우는 매미를 보며, 매미를 살리겠다고 달려들었다가 벌에 쏘여 머리에 된장을 발랐던 기억. 장독대를 깨뜨려 엄마에게 부지깽이로 맞았던 기억. 모두 부모에게 나라는 존재를 알리기 위한 행동은 아니었을까. 나 여기 있다고, 관심과 사랑이 필요하다고, 한 번 따뜻하게 안아 달라고. 그것을 알 턱 없는 엄마와 아버지는 나를 사고뭉치로 보았다. 기가 죽어 말하지 못했던, 일곱 살 아이의 처절한 몸부림이었다.

늘 빨갛게 충혈돼 있던 아버지의 눈, 술기운이 채 가시기도 전에 또 마셔 대는 악순환, 그 모진 시련 속에서 남은 가족이 할 수 있었던 건 기약 없는 길고 긴 버팀이었다. 고등학교 2학년이 되었을 즈음 알콜 중독으로 인해 몸이 다 망가진 아버지를 만났으니까. "지금처럼 계속 술을 마시다간 죽을 수도 있습니다." 병원에 간 아버지가 의사에게 전해 들은 말이다. 그때부터 아버지는 술을 끊었다. 아픈 몸으로 더 이상 폭력을 휘두를 힘도 바닥이 난 듯 보였다. 18년이라는 시간이 지나고 나서야 아버지의 폭력에서 벗어날 수 있었다. 더 이상 자존감이 깡그리 무너진 폐허 속에서, 내게 남은 건 쉽사리 표현을 망설이던 작고 작은 나 자신이었다.

자신이 불행하다고 여기면 자신만 한없이 불행하고 다른 사람은 모두 행복하게 사는 줄 착각하게 된다. 이를 '사회 심리학'이라고 하는데, 다른 사람과 자신을 비교해서 자책하는 경우다. 우리는 원래 사회적 비교에 취약하고 그 결과에 쉽게 영향을 받는다고 한다. 나만 못나 보이고 나만 문제 있어 보이는 이런 심리는 비교의 기준이 지나치게 편향되어 있어서 생기는 착각에 가깝다고 한다. 나와 다르게 확실한 의견을 표현하던 두 언니는 내게 지나치게 편향된 비교의 기준이었다. 자기표현이 확실한 두 언니와 나를 견주는 일이 많았다. 내가 하는 말은 늘 오답처럼 느껴졌고, 스스로 꺾어 버린 자존감에 나는 자신을 더 지하로 끌어내렸다.

수십 년이 지난 지금. 나는 어떻게 살아가고 있을까? 지금도 한 번씩 유년 시절의 공포를 경험한다. 퇴근하는 밤길, 술에 취해 휘청이는 취객의 눈빛과 발짓에서 어린 시절 아버지의 모습을 보았다. 웃으며 이야기하는 모임 속에서 혼자 말하기를 주저하는 내 모습에서 두 언니와 비교하던 어린 시절의 나를 보았다. 지나간 시간은 쉽사리 도망치지 않았다.

무섭도록 나를 쫓아와 괴롭혔다. 다만 나는 내 감정을 숨기지는 않았다. 서운하고 화가 나면 입을 닫았고, 입술이 삐죽 튀어나와 마중했다. 감동이 밀려오면 눈물샘을 마르게 두지 않았다. 적어도 밀려오는 감정에 충실하게 살았다. 슬프면 울었고 즐거우면 웃었다.

그런데도 말하기는 언제나 내겐 풀리지 않는 수학 문제 같았다. 나는 말을 잘하지 못했다. 더 정확히 말하면 나 자신을 믿지 못한 거였다. 스스로에 대한 확신이 없었고 그로 인해 말이 잘 나오지 않았다. 머릿속 생각이 정리가 안 되었던 이유도 한몫했다. 어릴 적 불우했던 가정 환경, 그로 인해 표현되지 못한 내 사유와 감정들, 입을 꾹 닫은 채 그대로 성인이 되어 버린 나. 당당한 표현이 부족하기에 너무나도 충분했다. 나는 자존감이 부족한 아이였다.

작가인 조앤 디디온은 자신의 에세이에서 "인격이란 자신의 삶을 책임지려는 의지로 자기 존중감이 샘솟는 원천"이라고 했다. 내가 누리지 못했던 지나온 시간을 불평불만 하기보다 주어진 앞으로의 시간에 내 인격을 계발하여 삶의 주인으로 바로 설 수 있어야 한다. 인격이 계발되어야 자기 존중감도 따라온다. 나를 충분히 사랑해 주고 자존감이 뿌리를 내리면, 언젠가는 내 의견을 당당하게 말할 수 있는 그런 영광이 내게도 찾아오리라 믿는다.

말 잘하는 사람인 척
(김소진)

두 시간짜리 수업이다. 어떻게든 고개를 푹 숙이고, 강사가 나를 지목하지 않도록 잘 피하는 게 이번 수업의 목표다. 이쪽으로 숙였다가, 저쪽으로 숙였다가……. 책 쓰기 수업을 진행하는 강사는 수시로 수강생을 지목한다. 혹여라도 김소진이라는 이름이 불릴까 봐 강의 때마다 노심초사다.

"김소진 님."

아! 결국은 호명을 당하고 말았다. 지난주에 무슨 일이 있었는지 말해 보라고 했다. 마이크를 켰다. 얼굴이 시뻘게졌다. 양손은 부들부들 떨리고 목소리는 기어들어 갔다. 무슨 말을 했는지 모르겠다. 횡설수설한 후 수업을 마쳤다.

심각하다. 이 정도면 병이다. 나도 씩씩하고 당당하게 말을 잘하고 싶다.

대학 다닐 때 일이다. 신입생 동아리에 참석한 첫날, 처음 보는 얼굴들이 많았다. 어색했지만 선배들이 웃으면서 따뜻하게 맞아 주는 동아리가 좋았다. 방송 동아리 선배 임원들이 차례로 인사말을 하고 간단한 오리엔테이션을 진행했다. 말을 잘하는 선배들이 멋있게 보였다.

"이제 신입생 여러분이 가입 인사를 할 시간입니다. 간단하게 이름, 학부, 들어온 계기, 앞으로의 나의 포부 등을 말하면 됩니다."

말이 떨어지기 무섭게 긴장이 되었다. 다른 신입생들은 조금 머뭇거렸지만 그래도 끝까지 말을 잘했다. 친구 영숙이와 나는 차례가 점점 다가올 때마다 얼굴이 빨갛게 달아올랐다. 영숙이가 긴장했는지 내 손을 잡았다. 친구 손은 흠뻑 젖어 있었다. 대기업에서 프레젠테이션 하는 것도 아닌데 좀 진정하라고 친구를 다독거려 주었다. 사실 나도 긴장되고 떨리는 것을 겨우 참고 있었다. 떨려서 죽을 것 같다더니 영숙이는 자기소개를 곧잘 했다. 나도 벌떡 일어나서 당당하게 나갔다.

'별것 아니다. 생각나는 대로 몇 마디 말하고 들어오면 된다.'

속으로 뛰는 가슴 진정시키고 용감하게 나갔다.

"안녕하세요. 김소진입니다."

모두 나만 쳐다보고 있었다. 선배들과 신입생 모두 20명 정도인데 갑자기 사람들이 많아 보인다. 머리가 하얘졌다. 이름을 말하고 그 다음 무슨 말을 해야 할지 몰라서 멍하니 입술을 꼭 다문 채 서 있었다. 아무 말이라도 하고 들어가고 싶은데 입이 열리지 않았다. 짧은 시간이 몇십 년처럼 느껴졌다. 쥐구멍이라도 있으면 숨고 싶었다.

"잘난 척하더니 알고 보니 바보네." 사람들이 나를 보며 비웃는 것 같았다.

자리에 돌아와서 한참 후에야 제정신이 들었다. 어떻게 하고 들어왔는지 모르겠다. 과연 내가 무슨 말을 했을까? 내가 얼마나 바보 같았는지 궁금했지만, 친구 얼굴조차 쳐다볼 수가 없었다. 창피해서 울고 싶었다.

그냥 '뿅' 하고 사라지는 방법은 없을까.

영숙이와 나는 서로 아무 말도 하지 않고 다음 사람들이 인사하는 걸 쳐다보고만 있었다. 아무 말도 들리지 않았다. 집에 가고 싶었다. 어떻게든 이 자리에서 벗어나고 싶었다. 방송실이 어두운 악마의 소굴처럼 무서웠다. 방음 장치로 막힌 이곳이 무거운 돌덩어리로 내 가슴을 내리누르는 듯했다. 숨쉬기가 힘들었다. 잔뜩 긴장한 어깨가 귀까지 닿을 지경이었다. 이런 내 모습이 싫었다. 왜 나는 짧은 발표도 못 하는 바보가 되었을까.

집에 돌아오는 길에 영숙이는 말이 없었다. 나 같은 친구가 부끄러운 걸까. 앞만 보고 가다가 혼자 버스를 타고 가 버렸다. 영숙이에게 위로받고 싶었는데 인사도 안 하고 가 버리다니, 괘씸했다. 나는 잘했다고 손뼉도 쳐 주고 어깨도 토닥여 줬는데…….

학교에 가면 영숙이와 마주하고 싶지 않았다. 절교해야겠다는 마음도 생겼다.

집에 와서 아무 일도 없었던 것처럼 조용히 씻고 방에 들어와 누웠다. 언니랑 같이 방을 써서 불편했다. 이불을 뒤집어쓰고 자는 척을 했더니, 언니가 무슨 일이 있냐며 걱정스레 물었다. 나도 모르게 영숙이랑 싸웠다고 언니에게 말해 버렸다. 그런데 영숙이가 집에 찾아온 게 아닌가. 아까는 화가 난 사람처럼 가 버려 놓고 우리 집에 왜 왔는지.

영숙이는 나를 보자마자 붙잡고 울기 시작했다. 집 앞이라 지나가는 옆집 아주머니나 오빠들이 보면 큰일이다. 얼른 근처 커피숍으로 데리고 갔다. 구석진 곳에 자리를 잡고 앉았다. 영숙이는 오늘 발표에 대해 울면서 말하기 시작했다.

"나 아까 바보 같았지?"

영숙이는 정작 내가 하고 싶었던 말을 하면서 울음을 터뜨렸다. 바보같이 발표를 해서 자신의 모습이 어땠는지 나에게 물어보러 온 것이다. 나는 영숙이가 자기소개를 잘했다고 생각했는데 영숙이도 나처럼 무슨 말을 했는지 생각이 나지 않는다고 했다. 나는 잘했다고 말해 줬지만 영숙이는 내 말을 믿지 않았다.

왜 우리는 이렇게 자신에게 엄격할까? 남들보다 잘하고 싶어서일까. 영숙이와 나는 같은 생각을 하면서 부끄러워하고 있었다. 영숙이는 오히려 내가 더 잘했다고 했다.

우리는 방송 동아리를 가지 않기로 했다. 부끄러워 갈 수가 없다고 결론을 내렸다. 영숙이와 울고 웃다 보니 기분이 좋아졌다. 갑자기 배가 고파졌다. 찻길 건널목에 있는 희야 분식집에 들어가 떡볶이와 어묵을 먹으며 그날의 맵고 짠 기억을 잊기로 했다.

지금도 나는 사람들 앞에만 서면 긴장이 되지만 이젠 더 이상 피하고 싶지 않다. 그동안 못하면 어쩌나 하는 걱정 때문에 하고 싶은 말을 제대로 하지 못했다.

좀 못하면 어떤가. 내가 하고 싶은 말에만 집중하면 된다. 대부분 말을 잘하는 사람도 긴장될 때 아무렇지 않은 척, 자신 있는 척 한다고 한다. 나도 그들처럼 안 떨리는 척, 씩씩하고 당당한 척, 뻔뻔하게 말하기로 했다. '척'하다 보면 실제로 그 모습이 될 수 있다. 이제부터 고개를 들고 당당하게 말할 것이다.

꽃을 피우는 과정
[김수아]

말하기를 좋아하는 발표불안 환자

　어린 시절, 말하느라 하루가 다 갔다. 학창 시절 친구들은 무슨 할 말이 그렇게도 많냐며 나더러 입 좀 쉬게 놔두라는 말까지 했다. 이렇게 말하기를 좋아하던 나는, 말하는 것으로 부담을 가진 적은 없었다. 도대체 이런 내가 왜 발표불안이 있는 것일까? 나는 대화를 나눌 때와 발표를 할 때가 전혀 달랐다. 나는 왜 발표라 생각하면 말문이 탁 막힐까?

　15년 전으로 거슬러 올라가 본다. 대학 시절, 나는 무용학과에서 발레를 전공했다. 그중 무용해부학 시간의 일이었다. 그날의 수업은 발가락의 뼈를 지점토로 만들어 보고, 각 부위의 명칭과 기능을 조사하는 조별 과제가 있었다. 조별 과제라 발표자가 필요했다. 발 조형물 소개만 하는 아주 간단한 발표였다. 그러던 중 친구 중한 명이 평소에 말하기를 좋아하는 나를 발표자로 추천했다. 나는 별생각 없이 그 제안을 받아들였고, 발표 당일이 되었다. 간단한 발표라 생각했기 때문에 대본을 따로 만들지 않았다. 연습 역시 하지 않았다. 발표 직전까지 걱정이나 부담도 없었다. 내 차례가 되어 강단 앞에 섰다. 교수님과 친구들의 눈이 모두 나를 향해 있었다. 갑자기 집중이 되니 멋지게 말해야 할 것 같았다.

그러나 발표를 시작하자 예상치 못한 상황이 벌어졌다. 방금 이 조형물을 처음 본 사람처럼 머릿속이 텅 빈 듯했다. 내 의지와 상관없이 입이 떨어지지 않았다. 마치 입안에 본드가 덕지덕지 붙은 것처럼 말이다. 몇 초의 정적이 흘렀다. 굳은 입을 억지로 떼어 냈다.

"이거……는, 음……, 그러니까 이게 뭐냐면……, 중족……골, 이라는 뼈인데……. 이게 이쪽엔가 붙어……서, 음……, 그다음……, 뭐더라."

나조차 전혀 생각지 못한 모습이었다. 쭈뼛쭈뼛하는 사이 몇몇의 친구들은 킥킥대기 시작했다. 교수님 앞에서 부끄러웠다. 그러나 친구들 앞에서 내 체면이 더 신경 쓰였다. 함께 준비한 과제를 내가 다 망친 것 같아 미안한 마음도 들었다. 손이 달달 떨렸다. 그날 처음 알았다. 내가 발표불안이 있다는 것을.

나는 그날의 발표를 간단한 소개 정도로만 생각했었다. 따로 연습도 하지 않았고 대본 역시 없었다. 가볍게 생각하고 준비를 제대로 하지 않은 것이 문제이기도 했지만 그날의 발표 분량은 정말 짧고 간단했다. 정말 연습을 했더라면 잘할 수 있었을까? 근본적인 원인은 발표불안이었다.

15년 지났다. 이제는 조금 알게 되었다. 인생에서 일어나는 모든 일은 원인이 있고, 그 원인을 풀어내기 위해 노력한다면 문제는 해결될 수 있다는 사실을. 내가 가진 문제는 두 가지였다. 연습 부족과 발표불안. 무슨 일을 하든 준비와 연습은 필수다. '대충' 잘할 수 있는 일은 없다. 철저하게 공부하고 훈련해야 나름의 성과를 낼 수 있다.

발표불안도 극복 중이다. 배우고 연습하고 훈련한다. 그리고 반복한다. 사람은 변하지 않는다는 말이 있다. 그만큼 변화가 어렵다는 뜻이다. 하지만 나는 생각이 다르다. 달라질 수 있다. 나 스스로 변하고자 결심한다면 반드시 변할 수 있다. 그렇게 노력은 배신하지 않았고, 나는 달라졌다. 15년 전의 나에게 꼭 전하고 싶다. 원인을 찾고, 해결 방법을 모색하고, 연습하고, 반복하라고. 너는 반드시 할 수 있다고!

변화의 씨앗이 나 자신에게 달려 있으니, 얼마나 다행인가! 모든 순간이 꽃을 피우는 과정이다.

나를 잠시 잊은 발레리나

앞서 말했듯 나는 발레를 전공했다. 결혼을 하고 두 아이를 출산한 후 자연스레 경력이 단절되었다. 몸으로 하는 전공이라 조금만 쉬어도 몸이 굳는다. 그렇게 몸도 변하고, 몇 년을 쉬었다. 매일 반복되는 가사와 육아로 오늘이 무슨 요일인지, 내가 누구인지도 모르고 살았다. 그러던 어느 날 여성병원 임산부 발레 클래스 제의를 받게 되었다. 너무 오래 쉬었는데 할 수 있을까 걱정도 되었지만, 때마침 둘째까지 어린이집에 보내게 되어 도전하기로 했다.

'아, 다시 일할 수 있다니!'

개강까지는 아직 수일이 남았지만 잘하고 싶은 마음에 미리 수업 준비를 했다. 처음 해 보는 임산부 발레인데다가 너무나 오랜만에 하는 수업이라 행여 실수라도 할까 거실 한쪽에 앉아 매일 리허설을 했다.

'자, 이제 이대로만 하면 돼!'

개강 당일이 되었다. 가슴이 두근거렸다. 이 떨림이 설렘인지 긴장인지 구분되지 않았다. 안 되겠다 싶어 약국에 들러 액상 청심환을 벌컥 들이켰다. 이런 내 모습에 약사가 물었다. "어디 중요한 면접이라도 보러 가시나 봐요?"

수업 시간보다 훨씬 일찍 강의실에 도착했다. 음악도 미리 틀어 보고, 간단한 동작을 해 보기도 하면서 수업 준비를 했다. 출석부를 보니 16명의 이름이 있었다. 시간이 다 되어 수강생들이 하나둘씩 모이기 시작했다. 그런데 출석부의 16명이 이렇게나 많은 인원이었던가. 내 눈에는 160명 같았다.

출산을 앞둔 임산부들의 눈빛에서 설렘과 기대가 느껴졌다. 대부분의 수강생들은 순산을 위해 운동하러 왔겠지만, 나는 발레의 신체적 효과 외에 정서적인 부분도 함께 알려 주고 싶었다. 수업 소개를 하려고 앞에 섰다. 모두가 나를 주목했다. 내 몸은 굳고,

머리는 하얘졌다. 원래 하려던 말의 요지를 잊고, 뜬금없이 발레의 기원 이야기를 꺼냈다. 심지어는 그 설명조차 헷갈려했다. 내가 지금 무슨 말을 거지. 그러다 중간에 말을 딱 멈췄다. 그리고 잠시 정적이 흘렀다.

"죄⋯⋯, 죄송합니다⋯⋯."

세상에⋯⋯. 한참 설명하다가 별다른 마무리도 없이 '죄송합니다'라니⋯⋯. 상황이 이상하게 돌아갔다. 얼른 화제를 돌리기 위해 급히 출석부를 들었다. 그리고 16명을 한 명 한 명 부르기 시작했다.

"김⋯⋯, ○○ 님."

내 목에서 양 울음소리가 났다. 떨리는 내 목소리가 강의실 전체에 울려 퍼졌다. 만회하고자 두 번째는 더 큰 소리로 "이○○ 님!!!" 양 울음소리가 아까보다 더 크게 울려 퍼졌다. 강의실에 정적이 흘렀다. 누가 봐도 덜덜 떨고 있었다. 그것도 수업하는 강사가!

이런 나를 안쓰럽게 바라보는 사람도 있었고, 저 강사 수업이나 제대로 할 수 있을까 미심쩍은 표정으로 보는 사람도 있었다. 16명의 시선이 한 몸에 꽂히는 것이 느껴졌다. 그렇게 나는 양 울음소리를 내며 16명 모두를 불렀다. 상황 수습도 제대로 못 한 채 바로 수업을 시작했다. 수강생들의 눈을 피했다. 그렇게 불안한 첫 수업을 마쳤다.

수업을 위해 미리 준비하고 연습했다. 그러나 160명도 아닌 16명 앞에서 그렇게까지 얼어붙을 줄 몰랐다. 오랜만에 하는 수업이라 긴장되어서였을까. 생각해 보니 그전에는 이렇게 많은 사람들 앞에서 수업해 본 적이 없었다. 열심히 준비했던 수업을 발표불안 때문에 망쳤다. 그 이후 매 수업마다 별다른 멘트를 생략한 채 부랴부랴 동작만 했다. 또 실수할까 봐 하고 싶은 말을 편히 하지도 못했다.

오랜만에 다시 하게 된 수업에서 나는 자신감을 크게 잃었다. 수업을 진행해야 하는 강사가 발표불안이라니……. 그 이후 아무리 준비를 잘해도 수업 때만 되면 불안해졌다. 내가 남들에게 어떻게 보이는지를 계속 의식했다. 그러다 보면 긴장되어 더 말을 더듬게 되었다. 나는 더 작아졌다.

정말 잘하고 싶었다. 불안했기에 준비했다. 그러나 실제 상황에 들어와 보니 내 예상과는 달랐다. 뭐가 그렇게 불안했을까. 완벽하게 잘하려고 했던 것, 약간의 실수도 수치스러워했던 것, 남이 나를 어떻게 볼까 계속 의식했던 것. 이것이 바로 나의 문제였다. '완벽'이라는 허상을 위해 스스로를 채찍질했다. 그럴수록 나는 더 긴장했다.

다시 그때의 나를 떠올려 본다. 말 좀 못하면 어떤가. 남이 나를 어떻게 생각할지 신경 쓰다가 정작 내가 준비한 수업을 제대로 하지 못하다니, 얼마나 억울한가! 잘하지 않아도, 완벽하지 않아도 그저 있는 그대로의 나를 인정했더라면 어땠을까. 그냥 좀 솔직해져 볼 걸 그랬다.

"제가 오랜만에 수업을 하니 좀 떨리네요!"

발표불안으로 수업을 그만둘까도 생각해 봤다. 그러나 나는 가르치는 일이 좋았다. 내 일을 사랑했다. 그러기에 더욱 절실했다. 절실함으로 시작된 씨앗은 결국 꽃을 피우게 되었다.

있는 그대로의 내 모습으로
(김태경)

어려서부터 자신감이 없었다. 모든 것이 부족함 그 자체였기 때문일까? 나는 3남 4녀 중 셋째 딸이다. 언니 둘은 결혼했기 때문에 나는 장녀 노릇을 하고 있었다. 빨래, 청소 등 모든 집안일은 자연스럽게 내 몫이 되었다. 부모님은 가족의 생계를 위해 매일 새벽부터 바빴다. 사정이 그렇다 보니 자식들에게 관심 둘 여유는 없었다. 나는 학교 끝나고 집에 오면 설거지와 청소를 했다. 주말이면 오빠들의 교복, 체육복, 운동화도 빨았다. 식구가 많았던 우리 집은 돈이 부족했다. 새로 산 옷은 입어 볼 꿈도 꾸지 못했다. 운동화는 다 해져서 도저히 신고 다닐 수 없을 정도가 되어야 새것을 살 수 있었다. 초등학교 때, 아니, 그때는 국민학교라고 불렀다. 국민학교에 다닐 때 나는 준비물을 사 오라고 하는 말이 가장 싫었다. 준비해 가지 못하는 날이면 교실 뒤에서 수업 시간 내내 서 있어야 했기 때문이다.

오빠들은 중학생이 되자마자 신문 배달을 시작했다. 내가 중학교 1학년 어느 날 작은오빠가 나를 불렀다.

"나 수학여행 갈 때 신문 배달 좀 해 줄 수 있어? 도와주면 용돈

챙겨 줄게."

마냥 재미있을 거란 생각만 들었다. 용돈을 벌 수 있을 거란 기대에 설레기도 했다. 나는 무조건 할 수 있다고 했다. 오빠와 함께 새벽 5시에 일어나서 역으로 갔다. 아저씨와 언니, 오빠들이 신문 사이에 광고지를 끼우고 있었다. 그런 다음 자기 몫의 신문을 챙겨 옆구리에 끼우고 맡은 지역으로 향했다. 오빠가 배달하는 신문은 100부 정도 되었다. 따라다니면서 집집마다 신문을 넣는 모습을 정신을 바짝 차리고 보았다. 어떤 집은 문틈으로 넣었다. 대문이 있는 집은 두 번 접은 후 마당으로 살짝 던졌다. 신문을 넣는 순서와 방법들을 스캔하듯이 머릿속에 기억했다. 이틀 동안 그렇게 오빠와 함께 다녔다. 그다음 날부터 3일 동안 혼자 실수 없이 신문 배달을 해냈다. 그 보답으로 칭찬도 듣고 용돈도 받았다. 처음 내 힘으로 돈을 벌어 보았다. 그 돈으로 친구들 사이 유행하던 재킷을 살 수 있었다. 그 옷을 입고 나가면 내 어깨는 저절로 곧게 펴졌다. 내가 예뻐 보여서 계속 웃고 다녔던 기억이 난다.

얼마 지나지 않아 나에게도 신문 배달을 할 기회가 생겼다. 나는 매일 새벽 5시에 일어나 20~30분을 걸어서 역으로 갔다. 가는 길은 어둡고 위험했다. 가끔 술에 취한 아저씨들이 보일 때면 다른 길로 돌아가야 했다. 배달을 끝내고 집에 오면 아침 7시 정도 되었다. 한 달에 삼만 원에서 오만 원 정도 벌었다. 배달하는 집이 늘어나면 판촉 수당도 추가 되어 나왔다. 월급을 받으면 참고서와 학용품을 샀다. 친구들과 분식집도 갈 수 있었다. 가끔은 예쁜 옷도 사서 입을 수 있었다. 경제적으로 자유로워지는 게 마냥 좋았다. 피곤해서 수업 시간에 눈이 감기고, 꾸벅꾸벅 졸아도 그만두지 못했다. 그렇게 한 2년 반 정도 신문 배달을 했다.

나는 요즘도 어쩌다 한 번씩 꿈을 꾼다. 제시간에 못 일어나서 허둥대는 나. 걷기 힘들 정도로 눈이 많이 내려서 힘들어하는 나. 신문이 비에 젖어서 어쩔 줄 몰라 하는 나. 시간 안에 끝내지 못해 학교에 지각할까 봐 발을 동동 구르고 있는 나.

늘 어려웠던 가정 환경은 내게 자신감 없는 삶을 살게 했다. 나는 학교에서도 집에서도 항상 조용했다. 선생님께서 예뻐하는 아이들은 따로 있었다. 엄마가 자주 찾아오고 공부도 잘하는 아이들이다. 학습 능력이 떨어지는 아이들에겐 꾸지람을 한다. 나처럼 별 문제 없이 조용한 아이들에겐 관심이 없다. 수업 시간에 자신 있게 손들지 않으면 발표도 시키지 않는다. 그렇게 나의 학창 시절은 있는 듯 없는 듯 그냥 말 잘 듣고 순하고 착한 아이였다.

발표를 잘해 봤던 경험도 없었다. 칭찬을 들어 본 기억도 없다. 또렷이 기억나는 건 긴장하면 어김없이 목소리가 떨렸다는 것이다.

고등학교 1학년 때다. 그 시절은 유난히 추웠다. 교실에 난로가 있었지만, 전혀 도움 되지 않았다. 가만히 앉아 있어도 으슬으슬했다. 지금처럼 따뜻한 커피 한잔 마실 수 있는 상황도 아니었다. 친구들도 잔뜩 몸을 웅크리고 앉아 있었다. 심한 경우에는 안경에 서리가 끼는 아이도 있을 정도였다. 따뜻했으면 좋겠다는 생각조차 할 수 없을, 그런 시절이었다.

1교시, 국어 선생님께서 들어오셨다. 책을 펴더니 "김태경, 일어나서 57페이지부터 읽어 봐!" 하셨다. 망설일 틈도 없었다. 자리에서 일어났다. 국어책을 양손에 들었다. 손이 떨렸다. 추위 때문인가. 입도 떨렸다. 친구들이 웅성거렸다. 선생님이 빨리 읽으라고 독촉했다.

"칭찬의 대화란 상대방의 좋은 점을 드러내고 빛내기 위한 대화를 뜻한다. 남을 칭찬하면 자신도 즐겁고 상…대방도 즐거…워한다. 또한, 칭…찬은 삶의 활력……소, 기능……을, 한……다."

마치 말을 더듬는 아이처럼, 입에 무슨 문제가 있는 아이처럼, 중풍에 걸린 사람처럼, 나는 부들부들 떨면서 책을 읽었다.

"그만! 그만 앉아. 다음."

털썩 주저앉았다. 갑자기 얼굴이 화끈거리더니 뜨거워졌다. 그후로 나는 수업 시간마다 '추운 겨울'을 보내야 했다. 반팔 셔츠를 입고 교실 창문을 활짝 열어 놓은 한여름에도 발표를 할 때마다 부들거렸다. 이제는 그냥 '그런 사람'으로 낙인찍혔다. 음악 실기 시험을 볼 때도 목소리가 떨려서 낮은 점수를 받았다.

학창 시절 이러한 경험 때문에 직장 생활을 할 때도 내가 발표할 기회를 만들지 않고 피하기만 했다. 결혼을 하고 아이들을 키울 때도, 유치원이나 학교에 가면 조용히 앉아만 있다 왔다.

둘째 아이가 초등학교 2학년 때 일이다. 부모 참관 수업이 있는 날이었다. 아이에게 편지를 써서 오라는 부모님 과제가 있었다. 수업 시간에 앞에 나가서 발표를 해야 했다. 난 너무 긴장되어서 편지를 써 오지 않았다고 거짓말을 하고 발표를 피했다.

무엇이 그렇게 두렵고 불안했을까. 내 아이 친구들 앞에서 편지 한 통 읽어 주는 것이 그렇게 어렵고 힘든 일이었을까. 타인의 시선 때문에 내 몫의 삶을 살지 못했다. 나의 두려움과 불안이 혹시 아이에게 상처가 되지는 않았는지 후회가 되기도 한다. 살아 보니 그렇더라. 사람은 다른 사람에게 별 관심이 없다. 나는 '나로서' 살아가면 그뿐이다. 인정과 칭찬에 매달리지 말고, 그저 있는 그대로의 내 모습으로 당당하게 살아야 했다.

삶은 언제나 현재 진행형이다. 남은 날들에서는 세상 앞에 당당해지려 한다. 나는, 지금 이대로 썩 괜찮다. 아주 조금, 나를 사랑해 보려 한다.

발표불안 방해꾼,
'척' 3종 세트와 맞짱 뜨기 (박지연)

"어른이 되면 뭘 하고 싶어?"

어렸을 적 만나는 어른마다 비슷한 질문을 자주 했다. 무엇이 되고 싶은지 정하지도 않았고, 어떤 종류의 '어른'이 있는지도 몰랐다. 목적 없는 삶을 살았다. 무엇을 해야 하는지 몰랐다. 요즘 청소년들이 가진 문제 중 하나가 삶에 뚜렷한 목적이 없는 거라는데 그 시절, 나도 그랬다. 성적 향상에만 급급했지 어떤 분야를 선택해서 어떠한 직업을 가지겠다는 계획이 없었다. 고등학교 1학년, 2학년, 3학년으로 진학할 때마다 선생님들은 장래 희망을 적는 종이를 나눠 주었다. 궁리 끝에 스튜어디스를 적어 냈다. 엄마와 언니가 나를 보며 그 일을 하면 좋겠다는 말을 종종 언급한 게 잠재의식에 숨어 있었나 보다. 비행기 한 번 타 본 적 없지만, 근사할 거란 환상을 품기도 했다. 일관되게 나열한 그 직업은, 대학 학과 선택의 기준이 되었다. 호텔관광경영학과에 입학만 하면 자연스레 그 꿈이 이뤄질 줄 알았지만, 현실과 이상의 폭은 비행 고도만큼이나 높았다. 여학생들의 비율이 압도적이었고, 다수가 같은 곳을 바라보았다. 다른 과 학생들까지 포함하면, 꿈을 향한 거리는 구름 위를 뚫고도 넘을 만큼 아득했다. 평균 백 대 일의 경쟁률을 뚫기에는 학과 공부만으로는 부족한 듯해, 3학년 봄 학기부터 승무원 양성 과정 학원에 등록했다. 학교에서는 이론 위주로, 학원에서는 실무와 모의 면접 위주로 배웠다. 항공사마다 진행하는 면접 방식과 제시하는 질문 내용이 사뭇 달랐다. 항공사별로 기출 문제를 분석하고, 평균 백여 가지 이상의 답변을 준비했다. 어떤 질문을 받아도, 자신 있고 당당하게 보일 수 있도록 연습을 거듭했다. 자다가도 대답할 수 있어야 한다며 일주일에 두 번, 두 시간씩 수업을 듣고 모의 면접을 했다. 4학년 2학기. 처음으로 K 항공사에 응시했다. 연습으로는 더 이상 채울 게 없다고 단정했다. 긴장보단 설렘으로 가득 채운 첫 면접은, 일 년 반 동안의 흔적을 회오리처럼 삼켰다. 남아 있는 기억이라곤 심장이 입 밖으로 뛰쳐나올 만큼 거친 속도로 움직였다는 잔흔뿐이다. 학원 수업과 모의 면접 준비도 모자라, 학교와 학원 친구들끼리 삼삼오오 모여 스터디까지 했는데. 가지고 있는 한계치를 넘으며 수많은 연습을 했음에도 왜, 절반도 채 보여 주지 못했을까. 면접장 문을 나서며 '탈락'을 직감했고, 힘이 풀린 다리는 1년 전 그날의 기억을 상기시켰다.

대학 3학년. 일 년간의 휴학 후 다시 찾은 학교는 낯설었다. 새롭게 단장한 캠퍼스는 버스로 한 시간 넘게 걸렸고, 몇 배 더 넓어져 교내 셔틀버스를 타고 학과로 이동하기도 했다. 다수의 남자 동기들은 국방의 의무를 다하는 중인데다, 여자 동기들은 어학연수 등의 이유로 휴학 중이었다. 낯선 학교, 강의실, 동기마저 없으니 있는 듯 없는 듯한 존재가 되었다. 전공 수업에서, 교수님이 조별 과제를 내 주었다. 동기 대신, 나와 처지가 비슷한 후배와 조원이 되었다. 자신 있는 분야로 할 일을 분담했다. 나는 과제 준비를, 후배는 발표를 맡았다. 또렷한 음성으로 당당하게 발표하는 모습을 여러 번 본 터라 든든했다. 발표 당일, 예정에 없던 변수가 생겼다. 교수님은 조원들 모두 돌아가며 발표하라 했다. 지도 교수님의 강의 방식을 알고 있던 몇몇 학생들은 예상했다는 반응이었고, 나처럼 그렇지 않은 몇몇은 눈만 껌벅였다. 다른 조원들의 발표가 진행될수록, 머리가 복잡해졌다. 어떻게 말해야 하지, 어디를 봐야 하지, 빔 스크린에 보이는 내용을 그대로 읽어도 되나 등 답도 없는 질문들로 머릿속을 채워 나갔다. 망신당하는 건 아닐까, 발표 못하는 선배로 낙인 되는 건 아닐까, 일어나지도 않은 일들에 신경 쓰니 심장과 다리는 같은 속도로 떨렸다. 드디어 우리 조 차례. 후배가 나섰다. 오 분 동안 집중할 수가 없었다. 누구보다 호응을 해주고 반응을 해 줘야 하는데 그러지 못했다. 후배보다는 잘해야할 것 같은데, 그러지 못할 거라며 확신해 버렸다. 자비라고는 바이러스만큼도 없는 시간은 부지런히 초침을 지나, 내 순서가 되었다. 첫인사를 시작으로, 발끝에서 시작한 떨림은 혈관 구석구석을 장악해 갔다. 학생들을 바라보던 시선은 서서히 오른쪽으로 돌기 시작하더니, 등지고 있던 스크린 화면을 마주했다. 누구도 마주하고 싶지 않았다. 발표를 하는 건지, 화면에 적힌 글자를 읽는 건지, 머리와 입은 분리되었다. 목소리는 점점 작아지는데, 심장 박동수는 점점 경박스러워지며 목소리보다 커져 나갔다. 발표보다, 심장 박동에 신경이 집중됐다. 우는 건지, 웃다가 우는 건지 알 수 없는 말로 마무리했다. 손뼉 치는 후배를 쳐다볼 수 없었다. 내가 아닌 다른 조원을 만났더라면 빛을 발했을 텐데, 같은 조가 되자고 제안한 것부터 미안했다. 괴로움과 자괴감이 강진으로 내려앉았다. 그날 이후 '발표'라는 단어가 두려웠다. 되도록 멀리하며 살고 싶었다. 또다시 사람들 앞에서 말해야 하는 상황이 온다면 어떻게 해야 할까, 조리 있게 말하기는커녕 제대로 서 있을 수는 있을까. 몇 날 며칠, 이불을 차며 준비되지 않아 그랬던 거라고 자위했다. 다시는 그런 일이 생기지 않게 하려, 승무원 면접 준비에 더욱 집착한 건지도 모르겠다. K 항공사 면접 날의 내 모습은, 1년 전 그날과 크게 다르지 않았다. 원인이 무엇이었을까. 유레카 같은 해답을 찾지 못한 채, 다음 면접을 위한 연습에 매진했다.

발표를 못하면 타인과의 대화에도 문제가 있어야 하지 않을까. 그렇지 않은 걸 보니, 둘 사이의 상관관계는 없는 듯하다. 그러면 대체 왜, 그 순간만큼은 한없이 작아지고 떨릴까. 많은 시선이 쏠리고, 완벽하게 준비해야 하고, 준비한 것을 다 전해야 한다는 마음가짐이 원인일까. 정녕, 해결책은 없는 걸까. 찾을 수 없을 줄 알았던 원인을 작년 봄, 20여 년 만에 찾게 되었다. 〈멘탈 파워스피치〉 강은영 강사의 수업에 참여하면서 말이다. 강의를 들으며 떨리는데 떨리지 않은 '척', 불안한데 불안하지 않은 '척', 긴장되는데 긴장되지 않은 '척'에 집중했던 내가 보였다. 떨리지 않고, 불안하지 않고 긴장하지 않도록 해야 하는데, 고운 포장지에 넣어 그럴싸하게 보이기 위한 '척'에만 집중한 것이다.

발표할 때마다 좌절했던 건 아니다. '척' 3종 세트에 집중했을 때 유난히 불안했다. 엄마가 되고, 마흔을 넘으며 무서운 게 점점 없어지고 있다. 세상일에 판단을 흐리지 않는 나이라 '불혹'이라 한다지만, 불안한 마음과 겁이 줄어들어 '불혹'이라 할 수도 있지 않을까. 예전 같으면 나를 불편하고 불안하게 만드는 상황을 피하려고 했겠지만, 이젠 아니다. 다른 것에 맞서는 것처럼, 발표불안을 일으키는 '척 3종 세트'와도 맞짱 뜨려 한다. 떨리면 떨리는 대로, 불안하면 불안한 대로, 긴장하면 긴장하는 대로, 잘하려고 애쓰지 않기로 했다. 내 모습을 있는 그대로 보여 주기! '진짜 나'와 마주하려 한다.

실패가 아닌 과정이다
(이민정)

시골에서 자랐다. 조용한 마을이었다. 산으로 둘러싸였고, 길옆으로는 논밭이 펼쳐져 있다. 버스도 한 시간에 한 대뿐이었다. 엄마, 오빠와 함께 시장에 다녀오는 길이었다. 버스를 타고 마을 입구에 내렸다. 집까지는 한참을 걸어가야 했다. 마을 입구에는 동네에서 하나뿐인 가게가 있다. 오빠와 내가 무척 좋아하는 곳이기도 했다. 참새가 방앗간을 못 지나가듯 오빠와 나는 엄마를 쳐다보았다. 과자를 사 달라고 하였다. 이곳을 지나치면 언제 또 과자를 살 기회가 올지 몰랐다. 오빠와 나는 엄마를 졸랐다.

엄마의 지갑이 열렸다. 지갑에서 몇백 원을 꺼내셨다.

"돈 줄 테니 가게에 들어가서 사 와."

오빠와 내 손에는 동전 몇 개가 쥐어졌다. 그 당시에는 동전 몇백 원으로도 과자를 살 수 있었다. 그러나 손에 돈이 있으면서도 난 망설이고 있었다.

"과자 주세요."

가게에 들어가서 이 말을 할 용기가 없었다. 마음은 벌써 가게 문을 열고 들어갔다. 현실은 아니었다. 발은 느릿느릿 가는 둥 마는 둥 했다. 마음 같아서는 엄마가 함께 들어가 주었으면 했다. 그런 나를 보며 엄마는 한마디 하셨다.

"너는 왜 과자 하나 사는 것도 못 하니? 오빠는 잘하는데."

스스로도 그런 내 모습이 못마땅했다. 한마디도 할 수 없었다. 결국, 엄마와 함께 과자를 사서 나왔다. 먹고 싶은 거 하나 사는 것도, 왜 그리 쉽지 않았을까? 몇십 년이 지난 지금까지도 기억에 남는 걸 보면 스스로도 정말 한심했나 보다.

그 뒤로도 남들 앞에서 말하는 것이 무척이나 힘이 들었다. 남들 눈에는 조용한 아이로 비쳤다. 부끄러움이 많은 아이, 소심한 아이로 자랐다. 학교에서도 웬만하면 주목받는 일을 하지 않았다. 궁금한 게 있어도 질문을 하지 않았다. 어떤 발표든 피하고 싶었다. 선생님께서 "누가 해 볼까?" 하고 교실을 둘러볼 때면 고개를 푹 숙였다. 나를 향한 시선이 지나가길 숨죽여 기다렸다.

간혹 피할 수 없는 날도 있었다. 반 전체 음악 실기 시험 때였다. 리코더 연주를 평가하는 실기 시험이었다. 나름대로 연습도 많이 했다. 시험 당일이 되자 연습한 것이 무색하게 긴장이 되고 몸이 떨려 왔다. 순서대로 반 아이들 이름이 불렸다. 앞 번호 친구들이 리코더 연주를 하였다. 친구들이 자리에 돌아올 때마다 나는 점점 더 떨려 왔다. 순서가 다가온다는 것을 생각할수록 내 몸은 나의 의지와 달리 움직이는 듯했다. 심장은 두근두근 빨라졌다. 호흡이 빨라지고 숨쉬기도 힘들어졌다. 손은 어느새 땀이 났다. 리코더를 잡은 손이 미끄럽게 느껴졌다. 점프해서 지금, 이 순간을 건너뛸 수 있다면……. 이런 생각도 했다. 드디어 내 차례가 되었다.

"다음 번호 이민정 나오세요."

이름을 듣고 반사적으로 자리에서 일어났다. 발걸음이 무거웠다. 천근만근이었다. 도살장에 끌려가는 소처럼 말이다. 천천히 앞으로 나가 칠판 앞까지 갔다. 친구들을 바라보고 섰다. 교실 전체가 조용해졌다. 숨죽여 나를 쳐다보는 친구들이 보였다. 선생님의 눈빛이 느껴졌다. 얼굴이 새빨갛게 달아올랐다. 호흡은 통제력을 잃은 듯 마구 빨라지고 가쁘게 숨이 쉬어졌다. 리코더를 잡은 나의 손은 의지와 상관없이 덜덜 떨리고 있었다. 이제 어쩔 수 없이 리코더 연주를 해야 했다. 겨우 계이름과 박자를 맞추며 리코더를 불었다. 머릿속에서는 계이름을 틀리지 않으려는 생각뿐이었다. 손은 리코더 구멍을 맞추려고 움직였다. 떨리는 호흡이 리코더 안으로 그대로 들어간 듯 소리도 떨려 왔다. 친구들을 쳐다볼 용기가 없었다. 리코더만 쳐다보며 이 곡이 빨리 끝나길 바랐다. 그렇게 온몸으로 긴장을 하며 힘겹게 음악 실기를 마쳤다. 그때의 점수는 기억조차 나지 않는다. 그저 무척이나 힘든 시간이 끝났다는 기억뿐이다.

발표불안은 나만 가지고 있는 것일까? 대부분 사람은 긴장되고 떨린다는 말을 한다. 아나운서들조차도 긴장하고 떨리는 경험을 한 적 있다는 기사를 본 적 있다. 발표불안으로 답답했던 때를 돌아보면 아쉬운 마음 가득하다. 지금만큼이라도 말을 했더라면 얼마나 좋았을까. 한편으로는, 실패한 경험 덕분에 지금의 내가 있는 것이라는 생각도 해 본다.

더 나아지려고 노력할 것이다. 완벽이 아니라 극복. 계속 성장할 나를 기대해 본다.

흔들리지 않는 꽃이 되길
(이석경)

어디서부터 잘못되었을까?

발표불안의 실마리를 찾아보기로 했다. 초등학교 4학년, 나는 합창부였다. 멜빵 있는 검은색 짧은 주름치마에 상의는 하얀 블라우스. 내가 좋아하는 합창 복인데 오랫동안 입지 못한 옷이 되었다.

합창부로 공연 연습을 할 때였다. 합창 복을 입고 무대에 올라가서 노래를 불렀다. 갑자기 선생님이 나를 쳐다보셨다. 다른 아이들도 나에게로 눈길을 주는 것이 아닌가. "왜 나를 쳐다보지?"라고 생각하면서도 노래를 계속했다. 그런데 연습이 끝난 후 선생님께서 말씀하셨다.

"음정이 맞지 않아 다른 사람들과 더 맞춰 보면서 연습을 해야 하는데 공연 일정이 너무 빠듯하단다."

어린 나이였지만 그 말씀을 들으니 합창부에 민폐를 끼치는 것만 같았다. 부모님한테는 합창부를 그만두겠다고 말씀을 드리고 그 길로 합창부를 나왔다. 요즘에는 고음 불가라는 개그 프로그램 소재로도 사람들을 웃기기도 하지만, 나에게는 마음이 아픈 개그다. 그 이후로 나는 노래를 불러야 하는 장소에서 지목되면 가슴이 뛰었다.

노래 부를 때만 그런 줄 알았다. 그런데 발표할 때도 가슴이 콩닥콩닥 뛰면서 머릿속이 하얘지고 아무 생각도 안 난다. 얼굴은 사과처럼 빨간 홍조가 되고 목소리 떨림과 손 떨림을 동반하는 불안 증세가 나타난다.

'사람들이 떨리는 내 목소리를 듣고 어떻게 생각할까?', '내가 또 그러면 어떻게 하지?' 이런저런 생각을 하니 자연스럽게 말도 안 나오고 발표하는 일도 없어졌다. 손들고 발표하는 일이 없으니, 조용히 뒤에서 말만 잘 듣는 얌전한 아이로 인식되었다. 그러다 하고 싶은 얘기도 잘 못 하는 착한 아이가 되어 버렸다. 나는 누가 내게 뭐라고 해도 "안 돼요."라는 말을 못 한다. 싫어도 "싫어요."라는 말도 못 한다. 내키지 않아도 결국 "네, 하겠습니다."라고 대답하는 착한 아이. 결국, 나는 남의 얘기만 잘 들어 주는 사람이 되어 버렸다.

학창 시절. 발표를 안 해도 성적은 보통으로 무난한 학교생활이었다. 학창 시절에는 발표도 별로 없었고 주입식 수업이라 선생님께서 말씀하시는 것을 그저 듣고 시험만 잘 보면 됐기 때문에 발표를 안 해도 성적은 나쁘지 않았다. 말을 많이 하지 않아도 친구들과 별 불편 없이 조용하고 착한 아이로 지냈다.

간호사 생활을 할 때도 잘 지냈다. 간호학과 실습 때는 사람들 얘기를 잘 들어 주는 정신과가 마음에 들었다. 첫 번째 병원을 선택할 때도 적성에 맞아 정신과를 선택했다. 그런데 발표를 해야 하는 기회가 왔다. 정신 병원에서 근무하려면 정신전문간호사를 수료해야만 했다. A 병원에서 수료증을 받기 위해 공부를 했다. 수업 과정에는 유명 강사 오은영 교수님 강의도 있었다. 그 시절에는 유명하신 분인 줄 몰랐다. 그때도 강의하시는 모습이 다른 교수님과 다르게 열정이 있고 목소리 또한 경쾌하고 흡인력이 있어서 좋아했다.

수업 중에는 듣는 수업만 있는 것이 아니었다. 발표도 해야 하고 많은 양의 리포트도 제출해야 하는 과정이 있었다. 함께 공부하는 학생들 앞에서 발표해야만 했다. 직장에 다니면서 교육을 받다 보니 시간에 쫓겨 발표 준비를 많이 하지 못한 상태였다. 강의장 앞에 나와서 과제에 관한 발표를 하는 시간이었는데 내 차례가 되었다. 나가기 전부터 가슴은 콩닥콩닥 뛰기 시작하면서 또다시 목소리 떨림이 시작되었다. 발표 중간중간에 목과 입술이 바싹바싹 말랐다. 입술이 붙어 버리니 말소리는 더욱더 안 나오고 3분이라는 시간이 세 시간처럼 길게 느껴졌다. 시간이 이렇게 느리게 갈 수도 있다는 것을 새삼 실감했다. 목이 타서 누군가 옆에서 물을 주었으면 싶었다. 아니면 "물 좀 주세요."라고 말이라도 하고 싶었다. 하지만 그런 말도 못 한 채 발표를 끝냈다. 어떻게 시간을 보냈는지 모르겠다. 내려와 보니 옷이 땀에 젖었다. 남들은 말도 잘하던데 왜 나는 떨리고 얼굴이 홍조까지 되는지 화가 나고 속상했다. 그 후로 더욱더 말수가 줄어들었고, 발표라면 아예 말도 꺼내지 않았다. 그냥 얘기하듯이 말을 하면 하겠는데, 여러 사람 앞에서는 말을 시작하는 것조차 두려워졌다.

간호사는 교대 근무라 근무가 끝나는 사람과 근무에 들어오는 사람과의 인수인계 시간이 있다. 매일매일 그날 있었던 일과 해야 할 일을 알려 주는 시간이다. 인수인계가 되어야 놓치는 일 없이 일 처리를 할 수 있다. 신규 간호사 시절에는 인수인계를 잘못하면 선배 간호사들에게 지적을 받는다. 인계 시 업무 관련 내용을 놓치지 않도록 꼼꼼하게 상황 설명을 해야 하는데, 떨리다 보니 말도 빨라지곤 했다.

"일은 나 혼자 다 하는데 네가 하는 일이 뭐가 있냐?"

나에게뿐 아니라 누구에게나 이런 말을 하는 선배가 있었다. 독선적이고 자만심에 가득 차 있고 평소 불평불만이 많은 선배였다. 선배가 이런 말을 할 때면 힘이 쭉 빠졌다. 그 선배는 내면에 분노가 가득하고 다른 사람과는 꽤 다른 성격을 지녔다. 감사를 전혀 모르는 사람이라는 생각도 했다. 나는 나대로 잘한다고 생각하는데 선배가 자꾸 내 자존심을 건드렸다. 일하는 것에도 능률이 오르지 않았다. 칭찬은 고래도 춤을 춘다고 하는데 칭찬은커녕 야단만 치니 병동에서 뛰어나가고 싶을 때가 한두 번이 아니었다. 한번은 눈물이 그치지 않을 정도로 하염없이 울기까지 했다. 그다음부터 더욱더 말문이 막혔고, 고개 숙인 사람이 되어 버렸다. 말하기도 싫고 듣기도 싫고 쳐다보기도 싫었다. 선배가 나를 찾으면 '일은 자기가 다 한다면서 부르기는 왜 또 불러?' 하며 말을 못 하고 속으로만 생각했다. 선배가 부르면 싫은 내색을 하지 않고 달려갔지만, 몸이 먼저 반응하고 거부했다. 그 선배가 무슨 말이라도 시키면 숨게 되고 얼음처럼 말문이 탁 막혔다.

내가 원하는 것은 말 잘하는 아나운서가 아니다. 얼굴이 빨개지지 않고 두근거림 없이 말하는 것이다.

그 시절 나는 다른 사람의 '평가'에 흔들리며 살았다. 타인의 시선과 말 때문에 상처를 입고, 울기도 많이 울었다. 나 자신에 대해서도 불만투성이였다. 고치고 싶었다. 달라지고 싶었다.

만약 그 시절로 다시 돌아갈 수 있다면, 엎드려 울고 있는 나에게 꼭 해 주고 싶은 말이 있다. 첫째, 자신을 사랑해야 한다는 말이다. 둘째, 다른 사람 말에 휘둘리지 않았으면 좋겠다는 말이다. 그리고 셋째, 어떤 상황에서도 '나는 불량품이 아니다'라는 사실이다. 이 세 가지의 말을 꼭 전달하고 싶다.

흔들리지 않고 피는 꽃은 없다고, 나태주 시인은 말했다. 나는 다르게 말하고 싶다. 적어도 다른 사람의 시선이나 말로 인해서만큼은 흔들리지 말아야 한다고. 비와 바람에는 흔들릴 수 있지만, 다른 꽃 때문에 흔들리는 꽃은 없지 않은가.

부족할 수 있다. 모자랄 수 있다. 세상에 완전한 사람은 없다. 나는 발표불안이었을 뿐, '나'라는 존재 자체가 문제였던 것은 아니다. 공부하고 연습하면 나아질 수 있다. 그래서 사람은 가능성의 존재다. 눈 크게 뜨고 어깨 펴고 당당하게 살아 보려 한다.

괜찮아, 더 좋아질 거야
(최향미)

오늘은 아이의 어린이집 첫 상담이다. 오랜만에 화장도 하고 예쁜 옷도 입고서 어린이집 문을 열었다. 교실 한쪽에 마련된 의자에 앉아 대화를 시작했다. 그런데 선생님 입에서 나온 첫마디에 내 몸이 얼어붙었다. 믿기지 않았다. 그럴 리 없다고 머릿속으로 계속 되뇌었다.

"시연이가 말을 하지 않아요."

억장이 무너졌다.

선생님은 많은 이야기를 했다. 하지만 내 머릿속은 온통 내 아이가 종일 한마디도 하지 않고 혼자서 놀거나, 가만히 아이들을 쳐다보기만 한다는 말뿐이었다.

아토피로 고생한 아이, 4살 때 피부 다 낫고 겨우 어린이집에 보냈는데. 집에선 말도 누구보다 잘하고 방실방실 잘 웃고 엉덩이를 흔들며 귀요미 율동도 추고, 엄마 아빠에게 애교도 만점이었던 아이가 어린이집에서 말을 한마디도 하지 않는다니……

집으로 힘없이 터벅터벅 걸어왔다. 시간이 정지된 듯했고 거실 소파에 누워 멍하니 하얀 천장을 바라보았다. '이럴 수는 없어, 이러면 안 돼.' 속으로 울음을 삼키며 드디어 올 것이 왔다고 생각했다.

하나의 기억이 주마등처럼 스쳐 지나갔다.

나는 어렸을 때 말이 없는 아이였다. 아기 때 손님이 우리 집에 오기라도 하면 낯가림이 너무 심해 온 동네가 떠나가라 울었던 아기였다고 한다. 할아버지가 큰 병으로 아파서 친척들이 병문안을 오면 할머니가 "애 데리고 나가 있어."라고 말했고, 엄마는 우는 나를 업고서 손님이 갈 때까지 몇 시간 동안이나 동네를 이리저리 돌아다녔다고 했다. 크면서 나아지리라는 생각과 달리 나는 여전히 집에서만 웃는 아이, 밖에서는 좀체 말을 잘 하지 않는 아이로 자랐다.

작았던 아이, 학교에 다닐 땐 맨 앞에서 두 번째로 줄을 섰고 예민하고 수줍음을 많이 타던 내성적인 아이였다.

그날은 추운 겨울날이었다.

길거리는 꽁꽁 얼 듯한 추위로 가득했고, 교실에는 냉기가 흘렀다. 아이들은 저마다 친구들이랑 재잘거리며 노느라 바빴다. 나는 책상에 고개를 푹 숙인 채 공책에 낙서를 하고 있었다.

초등학교 담임 선생님이 아이들에게 말씀하셨다.

"오늘은 동물 울음소리를 낼 거예요. 한 명씩 동물 울음소리를 내 보고 앉으세요."

아이들이 한 명씩 멍멍, 꿀꿀, 짹짹 소리를 내고 앉았다. 내 차례가 되었다. 마지막으로 선생님이 내 앞에 다가왔다.

"동물 울음소리를 내 봐. 멍멍, 야옹, 내면 되지. 한번 내 보자."

나는 일어서서 말을 못 하고 서 있었다. 아무 말 없이 고개만 푹 숙이고 있자, 선생님은 몇 번 더 재촉하시다가,

"그게 뭐가 어려워? 너, 진짜 이럴래? 말해 보라고!"

소리를 지르는 선생님 앞에서 아무 말도 할 수 없었다. 입을 꾹 다물었다. 입술이 부들부들 떨리고 몸이 굳었다. 선생님은 화가 나셔서, "교실 밖으로 나가서 손 들고 서 있어."라고 소리를 질렀다. 교실 밖에서 손을 들고 서 있으면서 눈물을 뚝뚝 흘렸다.

'말이 안 나오는데……. 아이들 앞에서 말하기 무서운데…….'

고등학생이 되었어도 발표불안은 전혀 나아지지 않았다. 내성적인 성격을 바꾸려고 애쓴 덕에 조금은 활달한 성격으로 변하긴 했지만, 발표는 여전히 두려움의 대상이다.

"6번, 16번, 36번, 책 읽어 봐."

오늘은 6일이고 나는 16번이다. 학교에 가기 싫은 날이다. 내 번호 16번이 날짜 뒷자리와 같아지는 날이면 학교 가기가 두려웠다.

수업 도중 16번을 부르는 선생님의 목소리가 들릴 때면 나는 힘없이 일어나곤 했다.

"대…, 대한민국…은…."

입술이 부들부들 떨리고 혀가 굳어서 말이 제대로 안 나온다. 머릿속은 하얘지고 얼굴은 사과처럼 새빨개진다.

아이들이 끽끽 웃었다. 수업이 끝나고 한 친구가 이렇게 말했다.

"향미는 발표할 때마다 왜 저래? 목소리가 진짜 사오정 같아. 음 아아아아아."

날 따라 하는 친구의 모습을 보고 아이들이 깔깔 웃어 댔다. TV 만화 영화 《날아라 슈퍼 보드》에 나오는 사오정 목소리를 닮았다고 했다. 가만히 앉아서 친구들의 얼굴을 쳐다보며 내 목소리가 그렇게 이상한가 싶었다.

그렇게 시간이 흘러 발표를 두려워하고 사람들 앞에서는 자기소개를 잘 못하는 성인이 되었다. 나이가 들면 나아질 거라는 생각과 달리 모임에서 어쩔 수 없이 자기소개라도 하게 되는 날이면 얼굴은 빨갛게 되고 목소리는 떨린다.

'넌 왜 이렇게 말을 못 해? 왜 떨어?'

스스로 창피한 마음에 수업 내용은 귀에 안 들어오고, 발표를 못하는 나를 자책하는 말만 늘어났다.

'너도 좀 남들처럼 편안하게 살자고.'

발표불안으로 힘들게 살았다. 내 아이만은 다르길 바랐다.

육아 관련 책에서 사람을 많이 만나면 낯가림이 사라진다는 내용을 읽은 적이 있다. 발바닥에 땀이 나도록 돌아다녔다. 별 효과가 없었다. 엄마인 나만 따라다녔다. 불안했다. 말을 하지 않는다는 어린이집 상담 내용이 떠올랐다. 혹시 내 아이도 나처럼 힘든 삶을 살아야 하는 것일까.

그러나 한 번 더 깊이 생각해 본다. 나는 과연 불행했는가?

발표불안 때문에 힘들었다고는 하지만 그렇다고 내 인생이 불행하기만 했던가? 절대 그렇지 않다. 모든 순간을 돌이켜 보면, 사랑스럽고 아름답고 행복했던 일이 충분히 많았다. 발표불안은 불행이 아니라 불편일 뿐이었다. 게다가 좋아질 수 있다는 희망도 있지 않은가. 어쩌면 나는, 내 아이를 근거도 확실하지 않은 '불행'으로 몰아붙이고 있는 것인지도 모르겠다. 세상에는 근사하고 멋지게 말을 잘하는 사람도 있지만, 말 대신 다른 방면으로 두각을 나타내는 사람도 없지 않다. 가장 먼저 가져야 할 생각은 '내 아이에게 아무런 문제가 없다.'라는 확신이다.

아이에게 이 마음을 심어 주어야 한다. 사람은, 어딘가 고장이 났다고 하면 바로 고쳐야 하는 기계가 아니다. 지금도 괜찮지만, 더 좋아지기 위해 살아가는 것이 인생 아니겠는가. 그 나름대로 노력을 기울여 볼 것이다. 나와 내 아이, 아무런 문제 없다. 우리는 더 좋아질 테니.

속이 뻥 뚫리다

2-1 용기의 날개를 달고 훨훨
(강은영)

둘째 아이가 4살 때 뇌전증 진단을 받았다. 하늘이 무너지는 것 같았다. 아이의 병을 알고 나서 힘든 시간을 보냈지만 아이를 위해 힘을 내야 했다. 아이에게 보여 주고 싶었다. 매일 우는 엄마가 아니라 꿈이 있는 행복한 엄마의 모습을. 내 안의 불안, 두려움을 떨쳐 내기로 결심했다. 더 이상 불안이 내 삶을 삼켜 버리도록 내버려 둘 수 없었다. 먼저 과거의 상처와 아픔을 치유하기 위해 글을 쓰기 시작했다. 글쓰기를 통해 치유와 회복을 경험했다.

나의 첫 책 《절망의 끝에서 웃으며 살아간다》가 출간되고 내 삶은 180도 달라졌다. 사람들은 나를 작가라고 불렀다. 작가가 되고 나서 발표할 일이 많아졌다. 발표불안 때문에 도망치듯 회사를 퇴사했는데 이제는 더 이상 피할 수 없는 상황이었다. 부딪쳐 보기로 했다.

발표불안을 극복하기 위해 스피치 학원에 다니면서 피나는 연습과 훈련을 했다. 실패하더라도 포기하지 않았다. 발표불안을 극복하지 못하면 죽겠다는 심정으로 도전했다. 밤마다 코피를 흘려 가며 연습하고 또 연습했다.

현재 나는 스피치 강사로 활동하고 있다. 발표불안 환자였던 내가 강사가 되다니. 지금도 믿기지 않는다. 지금은 강의 경력이 5년이 된 강사지만 나도 초보 강사일 때가 있었다. 초보 강사들은 강의를 하고 싶어도 불러 주는 곳이 거의 없다. 대부분 경력이 있는 강사들을 우선으로 뽑기 때문이다. 그렇다고 가만히 앉아서 강의가 들어오기만을 기다릴 수가 없었다.

행동하지 않으면 아무 일도 일어나지 않는다. 나는 문화 센터에서 강의를 하고 싶었다. 그때는 문화 센터에서 수업하는 강사들이 멋있어 보였다. 문제는 어떻게 들어가야 하는지 몰랐다. 무작정 문화 센터에 전화를 걸었다.

"안녕하세요. 저는 스피치 강사입니다. 거기서 수업을 할 수 있을까요?"

용기를 내서 입을 열었다. 마침 스피치 강사를 찾고 있었다고 하는 게 아닌가. 나는 운이 좋은 사람이다. 그렇게 나는 강사로 첫발을 내디뎠다.

강의할 날이 얼마 남지 않았을 때 생각지도 못한 일이 일어났다. 아이들을 태우고 친정에 가고 있는데 갑자기 뒤에서 '쾅' 하는 소리가 났다. 신호 대기 중에 뒤차가 내 차를 세게 박았다. 온몸이 앞으로 쏠리면서 머리가 운전대에 닿았다. 허리에 찌릿함이 느껴졌다. 아이들은 크게 다치지 않아서 다행이었지만 나는 움직일 수가 없었다. 그 자리에서 운전대를 잡고 고개를 숙이며 펑펑 울었다.

교통사고 후유증으로 일상생활이 힘들어서 병원 신세를 질 수밖에 없었다.

병원에 있으면서도 온통 강의 생각뿐이었다. 병실에서 환자복을 입고 강의 연습을 수없이 반복했다. 연습하지 않으면 불안과 두려움이 생긴다. '내가 잘할 수 있을까'라고 의심하는 순간 친구들이 찾아온다. 의심의 친구들은 바로 불안과 두려움이다. 의심의 친구들이 찾아오지 못하도록 연습으로 무장했다.

드디어 첫 수업을 하는 날이 되었다. 초보 강사 티를 내지 않으려고 자신감 있게 큰 목소리로 말했다. 2시간이 어떻게 지나갔는지 모르겠다. 강의가 끝나고 수강생들이 궁금한 것이 있다며 내게 질문을 했다.

"선생님, 강의 경력이 얼마나 되셨어요?"

예상치 못한 질문에 당황스러웠다. 설마……, 초보라는 걸 눈치챘나. 강사가 된 지 오래되지 않았다고 조심스럽게 말했다.

"말을 잘하셔서 경력이 오래된 줄 알았어요."라고 하시는 게 아닌가.

태어나서 말 잘한다는 소리를 처음 들었다. 발표불안 환자였던 나에게는 최고의 칭찬이었다. 그 후, 나에게 발표는 두려운 것이 아니라 설레고 즐거운 일이 되었다. 성공적인 발표 경험이 차곡차곡 쌓인 결과다.

이런 나의 발표 성공 경험을 많은 사람들에게 알리고 싶었다. 발표불안 환자가 어떻게 강사가 됐는지 나만의 노하우를 《21가지 발표불안 시크릿》이라는 책에 모두 담았다. 발표불안 덕분에 강사가 되고 글을 쓰는 작가가 되다니. 꿈만 같았다.

　과거에는 환경 탓, 상황 탓만 하면서 어떤 것에도 도전하지 않았다. 환경과 상황이 좋아지면 모든 것이 좋아질 거라고 생각했다. 지금 생각해 보면 핑계였다. 하지만 이제는 안다. 탓하는 것은 나를 앞으로 나아갈 수 없게 한다는 것을. 지금도 여러 가지 상황들이 나를 꼼짝 못 하게 할 때가 있지만 이젠 탓하지 않는다. 용기 있게 바로 결단하고 즉시 행동한다. 나는 아이를 위해 당당한 엄마가 되고 싶었고 사람들 앞에서 자신 있게 말하고 싶었다. 목표가 있었기 때문에 용기를 낼 수 있었다. 이제 용기의 날개를 달고 훨훨 비상하고 싶다.

변화의 문을 여는 열쇠는 내가 가지고 있었어 (강이청)

나는 깡은 없지만 양보는 잘했다. 약지 못했다. 이해하는 속도도 느렸다. 동생들은 나보다 유행도 잘 알고, 눈치도 빠르고, 잘 꾸몄다. 나는 반대였다. 까만 피부, 유행을 모르는 패션, 있는 옷만 입었고, 맘에 들지 않아도 속으로만 속상해하고 말았다. 시키는 말과 행동에 따르는 수동적인 아이였다. 남들이 수군거리는 소리가 들려도 혼자 속앓이만 했다. 하고 싶은 말도 못 하는 성격 때문에 친구들로 인해 마음을 다친 적도 많았다.

초등·중학교 시절은 기억에서 지우고 싶다. 자주 혼자 울었다. 지금은 남의 시선을 신경 쓰지 않는 단단한 마음을 장착했지만, 그땐 달랐다. 지금의 내가 그때의 어리고 여린 나에게 꼭 해 주고 싶은 말이 있다.

"네 주위를 둘러봐. 그때의 친구들이 지금 네 곁에 있니? 너는 잘못이 없어. 외로웠던 너에게 힘이 되어 주지 못해서 미안해. 그런데도 잘 버텨 내고 살아 내 주어서 고마워. 앞으로는 너에게 언제나 힘이 되어 줄게."

고등학교에 입학했다. 더 많은 친구들, 새로운 친구들을 만났다. 과거의 나는 없었던 사람처럼 지냈다. 마음 맞는 친구 몇 명과 베스트 프렌드가 되었다. 우리 넷은 항상 함께였다. 우동집에 갈 때도 떡볶이를 먹으러 갈 때도 우린 함께였다. 야자(야간 자율 학습)를 함께하고, 똑같은 떡볶이 코트를 입고 다녔다. 주변에서는 "쟤네 왜 저래?" 이상하게 봐도 좋았다. 어쩌면 이 친구들이 나의 학창시절, 변화의 문을 함께 열어 준 친구들일지도 모른다.

추운 겨울, 옷을 꺼내다가도, 지나치는 우동집을 보아도, 깔깔거리는 고교 앞을 지나다가도 문득문득 그 시절이 그립다. 지금의 내가 그때의 친구들에게 해 주고 싶은 말이 있다.

"너희들이 있어서 외롭지 않았다. 내 학교생활의 은인 같은 아이들. 울기만 하던 나를 너희들이 위로해 주었어. 가뭄의 단비처럼, 얼었던 내 마음을 따뜻하게 녹여 준 햇살 같은 존재. 친구는 이런 거구나, 생각했다. 고마웠고 또 고맙다."

그렇게 난 자존감을 조금씩 되찾았다.

내 삶의 변화에 커다란 열쇠가 되어 주신 분이 한 분 더 있다.

"용의 꼬리보다는 뱀의 머리가 되는 게 나을 수도 있습니다. 인문계 고등학교에 가서 중하위권을 하는 것보다는 실업계 고등학교에 가서 상위권을 유지하는 게 더 좋을 것 같습니다."

중학교 3학년. 내가 가장 좋아했던 예쁘고 똑 부러지는 담임 선생님은 딸의 진로를 상담하러 오신 아빠께 이렇게 말씀하셨다. 더 공부 잘하는 딸이 되어 드리지 못해 눈물이 차올랐지만, 결정은 내가 해야 했다.

'뱀의 머리면 어때? 가서 그냥 해 보는 거지.'

농사짓는 부모님 생각에 빨리 취업을 하고 싶기도 했다. 그래서 기존 친구들이 많이 가지 않는 실업계를 선택했다.

고등학교는 다른 세상 같았다. 새로 시작하는 마음으로 첫 중간고사를 치르니 4등. 이게 웬 말인가. 믿기지 않은 성적에 놀랐다. 내가 잘해서가 아니라 열심히 노력한 것을 인정받는 것 같았다. 선생님들께서 알려 준 것만을 토대로 열심히 했을 뿐인데 전 과목에서 평균 이상을 받았다.

하지만! 고질병을 기억하는가. 나는 수포자(수학 포기자)다. 중학교 수학 선생님을 생각하니 다시 속이 울렁거렸다. 수학 잘한다는 아이한테까지 가서 과외 아닌 과외를 받았는데, 기초가 없던 나는 수학 문제들을 풀어내기 어려웠다. 실업계에 오면 수학을 안 배우고 컴퓨터만 할 줄 알았는데 그것도 아니었다.

수학을 제외한 다른 과목들이 받쳐 줘서 성적은 상위권이었으나, 아쉬운 마음은 어쩔 수 없었다. 그래도 학교생활을 열심히 하니 평도 좋게 났다. 고2 때는 반 부회장을 하면서 인지도를 높였다. 우등생에, 장학금도 타면서 고등학교를 졸업했다. 내가 해야할 일들을 열심히 하던 습관들이 빛을 보는 순간이었다. 친구들도, 선생님들도, 학교생활도 빛이 났다.

문득 중학교 담임 선생님이 보고 싶었다. 선생님께서 말씀하신

'뱀의 머리'가 이거였구나. 선생님 메일을 찾아 감사의 편지를 썼다. 항상 어디에서든 응원해 주신다는 답장을 받고 코끝이 찡했다. 뜨거운 눈물이 볼을 타고 흘렀다.

내가 어느 곳에 속하느냐도 중요하다. 주변 환경이 좋아야 나도 좋은 영향을 받는다. 어떤 말 한마디에 어떻게 행동하느냐에 따라 이렇게 달라질 수도 있다. 내가 컨트롤하지 못하는 상황이나 시간 같은 것들은 건드릴 수 없다. 내가 컨트롤할 수 있는 내 마음, 내 생각, 내 몸을 움직여야 하는 것이다. 그래야 달라진다.

요즘 내 마음의 진정제는 바로 책이다. 나는 책을 좋아했다. 책을 읽으면 마음이 편했다. 저자들과 공감대를 쌓아서 좋았다. 감동 스토리에 눈물도 흘리고, 화도 냈다. 웃기도 하고 사랑도 했다. 책은 다양한 사람들을 접할 수 있는, 다른 세상으로 가는 통로였다. 책을 읽다 보면 머릿속이 찌릿! '아! 그렇구나!' 하고 번개가 치는 걸 느낄 때가 있다. 그런 부분은 표시를 해 두었다가 다시 한번 들여다본다. 책 속에는 나를 움직이게 하는 원동력이 있다.

다른 친구들이 만화책을 볼 때 나는 에세이, 시, 소설을 읽었다. 아무 생각 없이 글에 집중해서 내용을 상상하며 빠져들었다. 책을 많이 읽고 싶었지만 학생이 책 살 돈이 어디 있었을까. 농사짓는 우리 집 형편에 '500원만 주세요. 책 사고 싶어요.' 그 말을 꺼낼 수 없었다. 내가 나중에 크면 거실 벽 한 면을 다 책장으로 만들어 버릴 거다! 그렇게 다짐했던 그 말은 지금 현실이 되었다.

소유욕. 읽지 못해도 자꾸만 쟁여 놓게 되는 책. 어떤 책이든 그 책 안에는 나를 변화시키고 달라지게 만드는 실행력 한 줄은 가지고 있다. 신간으로 사 둔 책들과 나눔 받은 책들, 공부하려고 사 둔 책들이 사뿐히 싸락눈을 맞고 있다. 주변에는 볼일 보다가, 일하다가 여기저기 읽다 만 책들이다. 책 한 페이지 넘길 시간도 부족하다.

하지만 안다. 책을 읽고 한 번 더 생각하고 내가 움직이는 순간! 나는 달라진다는 것을. 풀리지 않을 때나 시간이 있을 때면 내가 늘 의지하게 되는 건 책이다. 한번 마음먹으면 기필코 벼르고 벼르다가 결국 해내고 마는 성격이다. 충동적이긴 하지만, 추진력이라고 합리화해 본다.

이렇게 난 또 다른 세상으로 들어가기 위해 책을 통해 내 삶의 문을 연다. 나의 이 충동과 추진이 다음 페이지로 넘어가는 나만의 열쇠가 되어 주리라 믿는다.

대화 불안 보고서
(김경희)

2년 전만 하더라도 초등학교 동창 모임을 나갔다. 지금은 술을 마시지 않지만, 그 당시에 모임을 나가면 술은 거의 필수였다. 동창이다 보니 말 그대로 너무 편해서 부담이라고는 없었다. 하지만 편한 사람들 속에서도 말하기는 순탄치 않았다. 분위기를 압도하는 친구, 말을 주도적으로 하는 친구, 유머러스한 친구, 호응을 잘해 주는 친구, 그 속에서 난 어떤 부류에도 속하지 않았다. '내게 문제가 있는 걸까?' 생각하며 나를 돌아봤다. 잘 어울리는 친구들에 비해 나는 어떻게 호응해 주어야 할지를 몰랐다. 기분 좋게 너스레 떨며 즐거워하는 친구들을 보면 부럽기도 했다. 나도 친구들 속에서 맞장구쳐 가며 호응도 하고, 한마디로 친구들을 즐겁게 해 주고 싶었다. 마음만 가득했다. 어떠한 말도 제스처도 하지 못한 채 시계를 보며 얼른 시간이 지나가길 바랐었다.

난, 욕심이 많은 사람이었다. 말을 잘하고 싶었다. 분위기를 이끌며, 짜릿한 유머 감각으로 친구들 사이에서 인기 있는 그런 사람이 되고 싶었다. 하지만 현실은 그렇지 않았다. 개성 가득한 빛깔의 친구들 사이에서 나는 그냥 팔레트 구석의 무채색 물감이었을 뿐 쉽사리 손이 가는 색은 아니었던 거다. 돌이켜 보면 있는 그대로의 나를 왜 그렇게 낮추었어야 했을까. 있는 그대로의 나를 보여 줘도 괜찮았을 텐데, 왜 그렇게 포장지에 쌓인 나를 보여 주려고 그렇게 애를 썼을까. 부단히 애를 썼던 그때의 나에게 조금은 미안했다.

안이나 밖이나 상황은 크게 다르지 않았다. 아이들은 자주 내게 물었다.

"엄마! 그게 무슨 말이에요?"

두 아들과의 대화에서 늘 유행어처럼 튀어나오는 말이다. 가끔은 우리 아이들의 이해력을 탓하고 싶다가도, 설명을 듣고 나서야 '아, 또 내가 설명을 못했구나.' 하며 고개를 끄덕인다. 아이들은 내가 한참을 설명한 후에야 말뜻을 알아듣고 고개를 끄덕인다. 나는 말이 빠르다. 머릿속에 떠오르는 생각이나 감정을 빠르게 전달하고픈 마음에 이야기를 급하게 전달한다. 그러다 보니 설명이 부족한 빠른 말에는 다소 빈약한 핵심이 드러난다. 두루뭉술한 의견 전달 또한 대화를 약하게 하는 좋지 못한 습관이다.

사실 그냥 대화보다 더 내 입을 닫게 되는 두려운 순간은 아들과의 말싸움이었다. 상대편에서 넘어오는 말에 몸을 경직시켰다. 날아오는 화살을 받아치듯 방어적으로 받았다. 나도 그랬고, 나의 두

아들도 그랬다. 어린 성격 탓인지 조금의 날 선 말들도 아프게 느껴졌다. 생각했다. 유년 시절부터 현재에 이르기까지. 나의 어머니, 아버지, 언니들, 동생. 난 그들과의 대화를 얼마나 건강하게 풀어냈던가? 우리 부모님과 나의 말싸움은 원만하게 봉합되었던 적이 있었나? 그리고 두 아들의 엄마로서, 지금의 난 저 아이들과의 갈등을 얼마나 슬기롭게 풀어 나갔는가? 돌이켜 본 내 대화의 역사 속에 '가족 간의 원만한 갈등 해결'에 대한 데이터베이스는 너무나도 얕게 축적되어 막상 그것이 필요한 순간에는 그 기능을 다 하지 못했던 날들이 태반이었다.

아이들의 말과 행동을 그저 시대와 세대가 만든 습관으로 보기 바빴다. 부모님이 말하면 그저 순종적으로 들었던 나와는 달랐다. 적극적으로 자기 의견을 말하는 아이들은 그저 내겐 따박따박 말대꾸하는 모습이었는데 말이다. 내가 가진 기억과 습관에 갇혀 좁은 구멍에서 아이들의 모든 모습을 보려 했다. 익숙했던 습관, 사고, 기억, 그리고 그것들이 모두 모여 만든 견고한 필터로 세상을 보고 있던 것은 아니었을까.

자녀와 부모 간의 올바른 대화란 무엇일까. 이 의문에 대한 해답을 늦지 않은 미래에 답을 내렸으면 했다.

나의 불안감은 독서 모임에서도 생겨났다. 지정된 책을 읽고 소모임 회의실에서 각자의 생각을 이야기한다. 그런데 나는 책을 읽고도 쉽게 이해가 가질 않았다. 줄거리가 머릿속에서 정리가 되질 않았다. 그들은 책 속의 내용을 정확히 인지하고 저자의 생각을 끄집어낼 줄 알았다. 일상에 적용을 시켜 실천하기도 했다. 그래서인지 다른 사람이 발표하는 걸 듣고 있으면 저절로 감탄사가 나왔다. 똑같은 책을 읽어도 나와 다른 생각, 나와 다르게 느낀 점을 말하고 거기서 메시지를 끄집어냈다. 저자가 독자에게 전하고자 하는 핵심을 기가 막히게 찾아냈다. 그런 모습을 보면서 나는 자꾸만 작아졌다.

상황은 달랐지만, 그 속에서의 나는 모두 쉽게 입을 열지 못했다. 뒤늦게나마 스스로 말하기 불안에 대한 원인을 분석해 보고자 했다.

1. 맞지 않는 옷을 입고자 했던 욕심이 과했다. 한 사람이 모든 영화의 주인공일 수는 없다. 백설공주가 인어공주와 왕자의 연애사에 감히 끼어들어 주인공을 해 보겠다는 못된 심보였으니 말이다. 친구들은 함께한 기억 속의 웃던 나를 기다렸던 것은 아닐까. 화려하게 포장된 내가 아닌 그대로의 나 말이다. 한참이 흐른 뒤의 지금 이 성찰이 조금은 빨랐다면, 여전히 친구들과 웃으며 시간을 보내고 있지는 않았을까. 정리하자면 난 '있는 그대로의 나'를 받아들여야 했다. 누구도 침범할 수 없는 소중한 나 말이다.

2. 속도가 급했다. 정확히는 머릿속 생각은 아직 정리가 끝나지 않았는데, 발동 걸린 트랙터처럼 입이 말을 내뱉고 마는 내 습관을 자제할 필요가 있었다. 차분하게 생각을 정리하고 여과하는 그 찰나의 시간이 너무나 필요했다. 그러다 보면 '있는 그대로의 나'를 조금은 믿을 수 있을 테니까. 그렇게 만들어진 자존감은 앞으로 말하기에 단단한 계단이 되어 줄 것이다.

3. 있는 그대로의 그들을 봐 주어야 했다. 나를 믿는 것에서 그치지 않았어야 했다. 내가 아닌 다른 누구든 말이다. 비단 나의 아이들을 있는 그대로 봐 주었어야 했다. 그저 특정 세대의 구성원으로, '젊은 애', '요즘 것들'이라는 타이틀로 보는 것이 아니라, 그냥 내가 낳은 소중한 아이들로 봤어야 했다. 기억과 습관이 만든 내 낡은 안경을 이제는 조금 벗어나 보려고 한다.

보고서라는 이름으로 짧은 내 대화의 역사를 돌아보았다. 이제는 내버려 둔 자아를 챙겨 줄 때다.

먼저 인사하기로 했다
(김소진)

　강의 시작과 동시에 긴장된 몸과 입을 풀기 위해 신나는 음악에 맞춰 노래를 부르기 시작했다. 여러 어르신과 관계자들이 지켜보는 가운데 손뼉을 치고 큰소리로 노래를 불렀다. 음악 소리가 흥거워 모두 절로 춤이 나온다. 어르신들과 가위바위보 게임을 시작했다. 눈에서 불꽃이 튄다. 이기는 사람이 진 사람 얼굴에 스티커를 붙이는 게임이다. 가장 우스꽝스러운 얼굴을 만드는 사람에게 선물이 걸려 있다. 자기 얼굴에 안 붙이고 상대 얼굴에 많이 붙여야 하는데, 서로 만만치 않다. 웃고, 도망가고 한 번 봐 달라고 사정하고 시끌벅적하다. 재미있는 분위기에서 한 번 더 웃는 시합을 해 보기로 했다.

　"억지로라도 웃어 즐거운 나를 만들어요." 하며 5분 웃기 시합을 했다.

　"재미있게 웃는 사람 선물 있어요!" 하니 다들 땅을 치고 배를 잡고, 한쪽에서는 뒹굴면서 웃는다. 그걸 보는 관계자는 웃으면서 울고 있다. 너무 웃어 뱃살이 다 빠졌다 한다.

　"이제 그만 웃어요."

내가 몇 번 소리를 질러도 이젠 서로의 얼굴을 보기만 해도 웃음이 나오는지 한동안 웃음이 끊이지 않았다. 이렇게 오프닝으로 굳었던 몸을 풀고 난 후 PPT를 켰다. 강의가 시작되었다. 서로 어느 정도 익숙해져서인지 질문과 대답이 자연스러워졌고 모두 내 말에 집중했다. 강의 기법에서 배운 대로 나를 지켜보는 사람들의 눈을 보지 않고 오로지 내가 하고 싶은 말에만 집중했다. 준비를 많이 해서인지 말이 술술 나왔다. '이런 날이 올 줄이야…….'

꿈만 같다. 상상만 했던 재미있는 강의를 내가 하고 있다니. 강의를 마치고 나오는데 속이 후련하니 몸이 가벼워 하늘을 날 것 같았다. 한참 웃다가 마친 강의 덕분에 기분이 좋아서인지, 해야 할 숙제를 해치워서인지 세상이 아름답게 보였다. 집으로 돌아오는 길, 대기 신호에 차를 멈추고 차 밖 풍경을 봤다. 겨울인데도 화창하고 따뜻하니 정겨워 보였다. 뛰어가는 아이들은 신나게 뛰어가고, 할머니와 할아버지 두 분이 다정하게 이야기하는 모습은 아름다운 그림 같았다. 다시 차가 출발하고 이내 갑자기 끼어드는 택시 때문에 깜짝 놀라 가슴이 벌렁거렸다. 다른 날 같으면 욕부터 나왔을 텐데 '얼마나 바쁘겠는가?' 하는 생각으로 속도를 줄여 보내 주었다. 마음이 가볍고 즐거우니 모든 게 용서가 된다. 오늘 강의는 준비한 것 이상으로 잘했다. 복지관 관계자들도 재미있게 잘했다고 했고, 어르신들도 좋다고 칭찬을 많이 해 주셨다. 그냥 하는 인사말이라도 상관없다. 내가 만족하고 기분이 좋으니 대성공이다.

존엄사협회에서 1년 정도 수업하고 강사 자격증까지 따 놓았다. 존엄사협회는 죽음 앞에 후회와 두려움 없이 받아들일 수 있게 잘 살아야 한다는 이념으로 충만한 삶을 살기 위해 우리의 시간을 소중하게 여기며 '지금 이 순간'을 잘 살자는 마음을 교육하는 곳이다.

어느 날 협회 대표가 같이하는 초보 멤버 4명에게 강의할 자리를 만들어 왔다는 청천벽력 같은 소리를 했다. 우리 초보 강사들은 서로 눈치 보기 바빴다. 하지 말자는 말을 누구라도 먼저 꺼내 주기를 바라고 있었다. 아니, 천재지변이라도 일어나 어쩔 수 없이 못 할 수 있게 되기를 바라고 있었는지도 모른다. '행복한 노후'를 주제로 노인 복지관 8주 과정을 진행하기로 했다고 한다. 우리의 의견도 안 듣고 결정해 버린 대표에게 화가 났지만 해야만 했다. 처음 하는 강의 자리라 걱정이 태산이었다. 대표는 "이번 강의는 무조건 가야 한다."라고 강조하며, "이런 작은 경험이 많아야 실력 있는 강사로 나아갈 수 있다."라고 했다. 특히 나같이 발표불안이 있는 강사를 위해 이 자리를 만든 것이라고 했다. 강의는 많이 하는 사람이 잘하게 되어 있다고 힘을 주어 말했다. 이런 말은 누구나 아는 사실이다. 하지만 그 첫발은 너무도 무섭고 두렵다. 안 한다고 말할 수도 없다. 못했다는 말을 듣는 건 더 싫다.

'그래, 나도 연습을 많이 하면 할 수 있다!'

용기를 내어 잘해 보리라 결심했다. PPT를 준비하고 할 말을 자세히 적어 큰소리로 읽어 보고, 또 메모를 수정하면서 매일같이 연습했다. 이번 강의를 열심히 해서 나도 노년 시대에 맞춰 제2의 인생을 살아 보겠다고 열정을 쏟았다. 같이 공부한 사람들은 "뭔가 멋진 일을 하고 싶어서 공부한다."라고 한다. 노년 시대에 맞춘 이런 강사 교육은 앞으로 많이 필요할 것 같고, 내가 배운 것을 다른 사람에게 교육하다 보면 오히려 내 공부가 많이 된다고 한다. 나이 들어 기억력이 없어지기 전에 준비된 실버 강사가 되는 것이 꿈이란다. 멋진 할머니로 살고 싶다고도 한다. 나 역시도 그런 삶을 상상하며 공부하고 노력하고 있다. 그런데 남들 앞에 서는 건 여전히 넘기 힘든 벽이다.

그 벽을 넘지 못해서였을까? 코로나 시대를 겪으면서 열정을 쏟았던 강사의 꿈을 접었다. 시간이 많이 흘렀다. 강의하던 모습은 사라지고 원래의 나로 되돌아왔다. 개인적인 소통은 잘하는데, 단체는 어렵다. 어린이집 신학기 때 낯선 학부모들 앞에 서야 할 때면 더더욱 불편하다. 떨림을 웃음으로 숨기고 메모지를 보며 겨우 입학 설명회를 한다. 여러 해 경험으로 조금은 편해졌지만 매년 신학기에는 입학식 걱정부터 된다.

이런 병적인 나를 조금이나마 고쳐 보고 싶어 스피치 수업을 신청했다. 첫 수업 시간, 시작하고서 바로 신청한 걸 후회했다. 숙제도 있고 즉흥 발표까지 시키니 말 못하는 내가 창피했다. 그러나 시간이 어느 정도 흐르자 굳었던 몸이 점점 녹는다. 자기에게 보내는 긍정의 말, 서로 칭찬하는 말이 끝없이 이어졌다. 칭찬을 이렇게 많이 받아 본 적이 없을 정도로 폭풍 칭찬을 받다 보니 얼떨떨했다.

칭찬을 서로 주거니 받거니 하면서 작은 미소가 큰 웃음으로 이어졌다. 칭찬을 받아들이고 감사 인사를 하고 나니 나도 잘난 느낌이 들었다. '나도 말을 잘할 수 있구나.' 하는 마음에 딱딱해진 몸이 편안하게 되었다. 수업에서 받은 칭찬과 격려로 용기가 났지만 매주 발표의 부담이 있기는 마찬가지였다. 수업 날이 가까워지면 결석할 핑계를 찾곤 했다. 신경을 안 쓰고 편하게 살고 싶은 게으른 내가 나를 유혹한다. 발표의 성공 경험을 만들기 위해 출석은 절대적 필수라는 대표의 말이 맴돌아 눈을 질끈 감고 또 참석했다.

배움은 새로운 세계로 데려다준다. 하나씩 알아 가는 즐거움은 다른 무엇과도 바꿀 수 없다. 남들은 하나를 배우더라도 경제적으로 활용할 수 있는 것을 목표로 한다. 그래서 돈이 되는 것만 배우려고 한다. 그런데 나는 돈에는 관심 없고 배움의 과정만을 즐기는 편이다. 나는 남들 앞에서 하고 싶은 말을 시원하게 하고 싶어 스피치를 수강했다. 이유는 그것뿐이다. 행복하기 위해 배우고 있는 나는 지금도 불안과 싸우고 있다.

조미자 작가의 그림책 《불안》에서 불안이라는 놈은 도망가면 더 크게 따라오고, 바로 보고 맞서면 작아진다 했다. 불안은 누구나 가지고 있다. 두려워 숨어 지내느냐, 아니면 바로 보고 맞서느냐가

불안의 크기와 그 차이를 만든다. 내 말과 발표에 남들은 관심이 없다. "내가 전달하려는 의미에 몰입하면 정말 잘하는 거야!" 하며 내면에 집중해야 한다. 발표에서 완전히 자유로운 사람은 없을 것 같다. 오래전 어느 기사에서 죽음보다 더 두려운 것이 발표라는 데이터도 있었다. 나만 유독 불안한 게 아니다. 다들 불안한데 참아 내며 싸우고 있는 것이다.

나름 불안과 마주 보는 방법을 만들었다. 처음 만나는 사람에게 먼저 손을 내밀고 인사를 해 보는 것이다. 엘리베이터를 타면, "안녕하세요!" 이웃에게 먼저 인사를 건네 보자. 경비 아저씨를 만났을 때는 "식사하셨어요? 건강 조심하세요!"라고 먼저 큰소리로 인사를 해 보는 것도 낯가림을 없애는 좋은 방법이다.

이제 나는 더는 고개를 숙이고 다니지 않는다. 민망하지만 얼굴을 들고 인사를 먼저 하는 내가 되기로 했다. 오늘따라 경비 아저씨와 청소하는 아주머니의 환한 미소가 오래도록 내 주위를 맴돌아 기분이 좋다. 나의 작은 인사 하나가 온 세상을 환하게 비춰 주는 것 같다. 역시 내가 먼저 다가가 손 내미는 것이 답이다.

2-5

성공보다 성장을!
(김수아)

나는 내가 발표불안이 있다는 것을 스스로도 안다. 발레를 전공했던 나는, 수업을 진행하는 강사임에도 불구하고 첫 수업이나 수강생이 많은 수업에서는 꼭 청심환을 먹어야 했다. 물론 먹었어도 여전히 불안했다.

강사로서 자리를 잡아 갈 때쯤 코로나19가 번졌다. 하고 있던 수업들 전부 폐강되었다. 나는 다시 전업주부로 돌아갔다. 마스크로 얼굴을 덮고, 나의 꿈도 함께 덮어졌다. 그러던 어느 날 학교 선배에게서 연락이 왔다. 나에게 영국 발레 교수법 과정을 권유했다. 나는 한 치의 고민도 없이 그 동아줄을 덥석 잡았다.

코로나19라는 시국 속에서도 모든 과정을 수료했다. 이듬해 발레 실기 시험도 참가하여 합격증을 받았다. 잊고 살았던 배움의 욕망이 솟구쳤다. 이를 계기로 나는 결혼과 출산으로 접어 두었던 무용학 박사 과정에 진학하게 된다.

대학원 수업은 매 수업 발표와 토론으로 진행된다. 10년 전 석사 과정 때 이미 발표 수업을 경험해 보았지만 여전히 불안했다. 내가 할 수 있을까. 수료 기간 내내 청심환 먹을 생각을 했다.

개강 후 첫 발표 날이 되었다. 청심환은 진작 먹었다. 대본이라도 있어 다행이었다. 고개를 푹 숙이며 줄줄이 읽는다. 읽기만 하는데도 말을 더듬었다. 목소리도 떨렸다. 그나마 대본이라도 열심히 읽어 큰 창피는 면했다. 그러나 발표를 다 끝내고도 영 시원치 않다. 그 학기 모든 발표들이 그렇게 지나갔다.

그렇게 두 학기를 보냈다. 그렇게 여러 번을 발표해도 여전히 긴장되었다. 도대체 언제까지 청심환에 의지하며 줄줄이 읽어야 하나. 사실 나는 대학원 발표뿐 아니라 내가 진행하는 발레 수업에서 조차 긴장하고 말을 더듬었다. 모든 말하기가 발표 같았다. 아, 이건 아니다. 바로 여기저기 스피치 학원을 알아봤다. 그러던 중 평생교육원의 발표불안 스피치 수업을 알게 되어 고민할 것도 없이 바로 수강 신청을 하였다. 그 수업이 내가 지금까지도 함께하고 있는 '멘탈 파워스피치'다. 이 수업은 '발표불안'을 위한 스피치 수업이었다. 나에게 딱 맞는 병원을 찾았다 생각했다. 진료 과목은 발표불안. 나는 발표불안이라는 병명을 가진 환자. 처방전을 받기 위해 이곳에 왔다. 이곳에서 반드시 완치해서 나가리라!

스피치 첫 시간, 선생님은 수강생 모두에게 자기소개 발표를 시켰다. 창밖은 칼바람이 부는 한파였지만 내 손에는 땀이 찼다. 여기가 발표불안 스피치라는 것이 무색하게 다들 잘해 보였다. 아직 내 차례가 오지도 않았는데 떨림에 안절부절못했다. 긴장되어 다른 수강생들 발표에 집중이 되지 않았다. 내 차례가 되었고 뭐라

말했는지 모르게 정신없이 말하고 들어왔다.

각자 소개가 끝났다. 선생님은 수강생들에게 떨렸는지 물었다. 다들 태연하게 발표하는 듯 보였지만 모두가 떨렸다고 대답했다. 이어서 강사는 수강생들에게 "혹시 다른 분 발표할 때 긴장과 떨림이 눈에 보였나요?"라고 물었다. 나는 솔직히 '그냥' 들어서인지 딱히 기억이 나지 않았다. 굳이 떠올리자면 잠시 말문이 막혔던 사람? 얼굴이 빨개진 사람? 정도가 생각났다. 그러나 그 모습마저 발표의 흐름을 깰 정도의 실수는 아니었다. 이어서 선생님이 말했다.

"남은 나에게 큰 관심이 없어요."

정말 그런 것 같다. 나는 발표할 때 작은 실수라도 하게 되면 온몸이 화끈거렸다. 남들이 나를 어떻게 볼까 신경 쓰느라 횡설수설했다. 그러나 정작 다른 사람 발표는 별생각 없이 '그냥' 들었다. 약간의 실수도 실수처럼 보이지 않았다. 그렇다면 남도 나에 대해서 마찬가지이지 않을까?

그래, 바로 이거다! 남은 나한테 큰 관심이 없다. 실수는 나밖에 모르고, 나 혼자만 창피하다. 갑자기 발표의 부담감이 확 줄어드는 듯했다. 또 선생님이 이런 말을 했다.

"여러분, 발표불안이 언제 생기는지 아세요? 바로 발표를 잘하고 싶을 때예요."

정말 그랬다. 반드시 잘해야만 한다고 생각했을 때 더욱 떨렸다. 그렇다면 잘하고 싶다는 생각이 문제일까? 아니다. '잘하려고만' 해서이다. 한 치의 실수 없이 '완벽'을 목표로 삼았던 것이 문제였다.

방학이 끝나고 또다시 대학원 수업이 개강했다. 개강에 앞서 교수님께서 오리엔테이션에서 발표할 자기소개 자료를 만들어 오라고 했다. 보통 때 같았으면 오리엔테이션부터 발표라니, 하며 한숨을 쉬었을 텐데 이번에는 달랐다. 발표 시 불안했던 마음이 전보다 나아졌는지 꼭 한번 나를 실험해 보고 싶었다.

교수님은 누가 먼저 발표할 것인지 물었다. 나는 말이 끝나기 무섭게 가장 먼저 손을 번쩍 들었다. 스피치 수업에서 자신감 향상을 위해 손을 번쩍 들어 올리라고 했던 게 생각나 실제 적용해 본 것이다. 교수님은 평소에 그러지 않았던 학생이 손을 드는 것을 보고 조금 놀라신 듯했다. 손만 번쩍 들었을 뿐인데 번쩍 든 손 하나가 나를 더 자신 있게 만들어 주었다. 첫 페이지부터 차근히 발표를 시작했다. 여전히 목소리의 떨림은 있었지만 의식하지 않으려 노력했다. 또 떨리는구나. 그 자체를 자연스럽게 받아들이기로 했다. 그날은 과제 발표가 아닌 자기소개라는 가벼운 주제였다. 내가 다른 사람의 발표를 편안하게 경청하듯, 다른 사람도 나와 같은 마음일 것이라 생각했다. 청중은 나의 떨림과 긴장에 '관심이 없다.' 이렇게 생각하니 여전히 긴장은 되었어도 마음은 한결 가벼워졌다.

내가 준비한 만큼의 발표를 '잘' 마쳤다. 끝났다! 속이 시원하다! 전에는 발표 이후 매번 자책을 했었지만 이번에는 그런 아쉬움이 없었다. 청중을 지나치게 신경 쓰기보다는 나 자신에게 더 집중했다. 나의 긴장을 인정했다. 조절하려 했다.

그날의 발표가 '완벽'하고 유창한 건 아니었다. 그래도 지난 학기보다는 잘했다. 나는 성장했다!

그렇게 한 학기 열 번의 발표를 떨지 않고 잘 마쳤다. 작은 성공 경험들이 모이고 모여 '성장 마일리지'로 쌓여 가고 있었다.

이 세상에 백 퍼센트 완벽이 존재할까? 완벽이 아니면 실패라는 생각. 바로 이것이 매 순간 불안을 초래했다.

"정신 차려!"

내 안의 있었던 작은 '성장'이 나를 잡고 흔든다.

실패라는 생각에만 전전하다 성장이라는 귀한 보석을 보지 못했다. 오로지 성장만 보자. 아주 작은 성장일지라도 나는 지난 학기보다 나아졌다! 작은 성공의 경험으로 매일 성장하며 조금씩 전진하고 있었다.

이렇게 꾸준히 걷다 보면 어제보다 나은 오늘, 오늘보다 나은 내일을, 그리고 그 차이는 계속 커질 것이다. 목표를 향해 한걸음씩만 걷더라도 조급해하지 않겠다. 성공은 끝이 있어도 성장은 끝이 없기 때문이다. 계속해서 앞으로 나아갈 수 있다.

계속해서 한걸음, 한걸음 딛는 과정이 곧 성장이다. 나는 다음 발표에서도 딱 한걸음만 걸어 볼 것이다. 이렇게 또 성장한다. 걷다 보면 나중에는 성장한 발걸음 수만큼 어느새 출발지에서 멀리 떠나와 있는 나 자신을 발견할 수 있으리라.

2-6 용기가 내게 준 자유
(김태경)

내가 참여하는 독서 모임 가운데 '멘탈 파워스쿨' 보배님들과 함께하는 '멘파독'이라는 모임이 있다. 인원이 많아서 5~6명씩 소그룹으로 나누어 진행을 한다. 얼마 전 나는 소그룹의 리더를 맡았다. 발표불안 극복 스피치를 배우고 나서 처음 맡은 리더였다. 걱정했던 것과 다르게 자연스럽고 편안하게 마칠 수 있었다.

독서 모임이 있던 날이었다. 점심시간에 선생님께 메시지가 왔다.
"오늘 독서 모임 리더로 뽑히셨습니다. 인원이 많아서 소그룹으로 진행할 예정이에요."
저녁 8시에 있는 독서 모임에서 리더를 맡아 달라고 했다. 나는 스피치를 배우기 시작하면서 나름대로 정해 놓은 원칙이 있다. '명확한 이유가 있지 않으면 거절하지 않는다. 나는 무엇이든 할 수 있다. 긍정적인 말만 하자.'
난 바로 해 보겠다고 대답했다.
"이런 기회를 주셔서 감사합니다. 경험은 없지만 최선을 다하겠습니다."

처음 몇 분 동안은 내가 리더를 맡았다는 기대감에 설레었다. 그 것도 잠시 조금 지나니 불안과 긴장이 몰려오기 시작했다.

퇴근 후 선생님께서 주신 운영 순서를 살펴보았다. 오프닝 인사를 한다. 선정 도서를 간단하게 소개한다. 한 명씩 돌아가면서 가슴에 와닿았던 문장들을 읽고 느낀 점들을 발표하게 한다. 책을 읽고 삶에 적용한 것, 실천하고 있는 것들을 발표한다. 한 사람이 너무 오래 발표하지 않게 시간 배당을 잘해야 한다. 마지막으로 리더가 발표한 후 감사 인사로 마무리 짓는다.

쭉 보면서 생각했다. 다른 사람들도 발표할 때 긴장을 하겠지? 분위기를 편안하게 바꿔 주려면 어떻게 해야 할까?

'태경아, 넌 발표하고 난 후에 다른 사람들이 어떻게 반응해 줬으면 좋겠니?'

나에게 질문을 해 보았다. 맞다! 내 말에 공감해 주고, 칭찬해 주었을 때 긴장이 풀렸다. 그래, 사람들의 말에 맞장구를 쳐 주자. 잘하지 않아도 괜찮아. 난 처음이니까.

이번 선정 도서는 미야모토 마유미의 《돈을 부르는 말버릇》이었다. 나는 이 책을 읽으면서 닮고 싶은 말 습관이 너무 많았다. 읽는 내내 고개가 끄덕여졌다. 언제든 펼쳐서 읽어 보고 싶은 마음에 블로그 서평도 마친 상태였다. 나름대로 책의 내용을 모두 파악하고 있었다. 그래서 더 잘할 수 있을 거란 자신감이 생겼다.

독서 모임에 들어가기 전, 긍정 확언을 여러 번 했다. 마음속으로 "나는 할 수 있다. 용기! 용기! 용기!"라고 몇 번을 외쳤다.

독서 모임이 시작되었고, 나의 소그룹이 만들어졌다. 단톡방에서 미소 셀카를 찍으며 매일 보는 익숙한 얼굴들이어서 조금은 편해졌다. 나는 먼저 인사를 하고, 저자와 책 소개를 간단하게 했다. 한 명씩 돌아가면서 책을 읽고 어떤 문장들에 감명을 받았는지 발표해 달라고 했다. 페이지를 펼치고 같이 눈으로 읽어 내려갔다.

"'용기'만큼은 아무도 대신 내주거나 빌려주지 않아요. 그러니 스스로 내야만 합니다. 그런데 그 '용기'를 내지 못해서 성공의 첫발을 내딛지 못하는 사람이 많습니다. 어려워도 그 '용기'만 낼 수 있다면 틀림없이 성공하는데 말이에요."《돈을 부르는 말버릇》 중에서.

같이 읽은 부분에 대해 한 분이 자신의 느낌을 발표했다.

"아무도 대신 용기를 내주지 않는다. '용기'는 반드시 스스로 내야 한다는 말에 너무 공감되었어요. 어렵지만 발표불안을 극복하기 위해서 용기를 냈던 예전의 제가 생각났기 때문이에요."

나는 "여기 계시는 분들은 모두 이 문장에 공감됐을 거라고 생각해요. 발표불안을 극복하기 위해서 스피치를 배우고 있는 우리는 가장 어려운 용기를 낸 사람들이기 때문이에요."라고 말해 주었다.

다른 사람들이 발표하고 난 후에도 각자의 의견에 공감해 주는 것도 잊지 않았다. 힘을 얻을 수 있도록 응원과 격려도 덧보탰다. 자연스럽게 편안한 분위기가 만들어졌다. 마지막으로 내가 발표하는 시간이 되었다.

"이 책에서는 돈과 운을 끌어당기는 7가지 긍정의 말 습관을 소개하고 있는데요. 그중에서 제가 가장 적용해 보고 싶은 말버릇은 연출의 말버릇이었어요. 연출의 말버릇도 여러 가지가 있는데, 3가지로 추려 보았습니다.

첫 번째로 '잘하고 있어.'라고 자신을 칭찬하는 말이에요. 스스로를 칭찬하고 응원해 주면 자신감이 생기고 아우라도 커진다고 합니다.

두 번째로는 '힘! 힘! 힘!', '용기! 용기! 용기!'예요. 나 자신의 약한 마음을 지워 주는 강력한 힘이 있는 말인데요. 힘과 용기는 새로운 일에 도전할 때 우리를 지켜 준다고 합니다. 추진력이 생기게 하고 성공으로 이끌어 주는 말이라고 해요.

세 번째는 '지금 제가 할 수 있는 일에 최선을 다하겠습니다!', '경험은 많지 않지만 열심히 하겠습니다!'라는 말버릇이에요. 이 말은 오늘 제가 리더를 맡게 되었을 때 선생님께 한 말이기도 하네요. 한 번도 해 본 적 없는 업무를 맡게 되었을 때 못 한다고 하기보다는 이렇게 말하고 도전해 보라고 주변에도 늘 권유하고 있어요. 행운의 여신은 앞머리밖에 없어서 그 시기가 지나면 잡을 수가 없다고 합니다. 못 한다고 말해 버리면 당연히 좋은 기회를 잡을 수가 없겠죠? 저는 이 책을 읽고 여기에 나오는 문장들을 하나도 놓치고 싶지 않았어요. 그래서 책을 읽으면서 좋은 문장들을 발췌했어요. 그것을 다이어리 맨 앞장에 메모해 놓았고요. 아침에 일어나자마자 긍정 확언으로 외치고 있습니다. 긍정 확언 자기 암시문을 계속 말하면 무의식에 각인되어서 이루어질 확률이 높아진다고 합니다. 보배님들도 바라는 것이 이루어졌다고 상상하면서 입으로 말하는 것을 반복해 보세요. 말하는 것만으로도 기분이 좋아지고 하루가 행복해지는 것을 경험할 수 있을 거예요. 감사합니다."

이렇게 나의 발표도 무사히 마쳤다. 마지막으로 나는 그날의 독서 모임 리더로서 소회를 밝히며 끝인사를 전했다. "책을 읽고 언제 가장 보람을 느끼세요? 읽고 나서 본받을 점들을 내 생활에 적용시켰을 때라고 생각합니다. 감사, 행복 언어, 셀프 칭찬 등, 오늘 각자 실천하고 계신 것들을 들으면서 많이 배웠습니다. 책을 꼼꼼하게 잘 읽어 오시고, 발표도 잘해 주셔서 감사합니다."

'내가 직접 독서 모임을 만들어 볼까?'

처음 도전해 보는 독서 모임 리더 역할을 성공적으로 끝마친 후, 나는 자신감이 생겼다. 이제는 참여만 하는 것이 아니라 독서 모임을 직접 운영해 보자는 생각까지 들었다. 아마도 나는 머지않아 또 다른 독서 모임의 리더가 되어 있을 것이다. 그날 이후 나는 무엇이든 할 수 있다는 희망이 생겼고, 추진력도 얻었으니 말이다.

발표불안에서 나를 자유롭게 해 준 것은 바로 용기다. 용기라는 단어는 내게 두려움을 이겨 낼 수 있는 힘을 준다. 용기에는 긴장과 불안을 달래 주는 부드러운 카리스마도 있다. 발표불안 극복 수업을 들으면서부터 용기는 항상 나와 동행하고 있다.

가스 활명수 같던 그날
[박지연]

　대학생 시절, 모델 하우스에서 시간제 근무로 몇 차례 일한 적 있다. 아파트 분양과 관련한 일은 다른 서비스 업종에 비하면 시급이 높은 편이었다. 경력직인 것처럼 보이려 면접 일주일 전부터 주거 시설, 분양, 담당할 평형 등에 관련한 내용을 숙지했다. 표준말을 구사하기 위한 연습도 틈틈이 했다. 친구가 도와준 덕분에 테스트는 무난하게 통과했지만, 근무 날짜가 다가올수록 자신감이 쪼그라들었다. '예상치 못한 질문을 받으면 어쩌지, 경력을 속인 게 들키면 어쩌지.' 이런 고민을 눈치라도 챈 듯, 친구와 팀장은 모르면 담당 직원에게 넘기라 했다. 두 어깨에 긴장감만 가득 채운 근무 첫날은, 우르르 몰려 입장하는 사람들에게서 최대한 멀찍이 떨어졌다. 자동 응답기를 틀어 놓은 것처럼, 외운 내용만 반복했다. 막힘 없이 술술 말할 수 있기만을 바랐다. 이틀째, 삼 일째로 접어들며, 강하게 의식하지 않고도 두루마리 휴지를 풀 듯 말할 수 있게 되었다. 마이크 넘어 되돌아오는 내 목소리에도 익숙해졌다. 억양도 안정되고, 톤도 강약을 찾아갔다. 많은 손님이 다녀가는 주말이 지나고 나니, 어깨의 무게도 한층 가벼워졌다. 평상시, 사람들 앞에서 말할 기회를 충분히 가져서일까. 그 후로 있는 발표 수업에서는 일 년 전 한없이 초라하고 작았던 모습이 보이지 않았다.

4학년 2학기, 전공 수업. 교수님은 기말고사를 과제 발표와 시험으로 채운다며 대학 생활 마지막 발표인 만큼 모든 열의를 기울이길 당부했다. 시간제 업무 경험 덕분에 다수 앞에 서는 것에 대한 거부감이 다소 낮아진 상태였다. 제출할 과제를 요약하고, 머릿속에 정리해 당일까지 연습을 이어 갔다. 대체로 서서 말하고자 했고, 강조해야 하는 부분에는 자연스러운 손동작도 넣었다. 긴장감이 스며들 경우를 대비하며 핵심 단어와 문장이 적힌 종이도 준비했다. 발표 당일, 교탁을 향한 발걸음에 진동이 느껴지지 않았다. 자연스레 걸어 나가 스크린을 등졌다. 백여 명의 학생들을 향해 인사를 마치고, 시선을 좌측에서 우측으로 분산시켰다. 많은 인원을 골고루 바라보려 하기보단 호응이 좋은 몇 명의 학생만 시선에 담았다. 학생들과 교수님을 마주하며 발표를 시작했다. 일 년 전 그날처럼 벽, 종이, 빔 스크린만 바라보던 '나'는 없었다. 연습한 대로 강조해야 하는 부분에서는 손짓과 표정을 더하기도 했고, 막히는 부분에서는 양해를 구한 후 준비한 종이를 보기도 했다. 말을 하면서도 학생들의 표정과 반응을 읽을 수 있었다. 중간중간 질문이 들어오면 대답을 이어 가기도 했고, 모르면 모른다고 솔직히 말했다. 십 분 남짓한 시간 동안, 긴장과 불안의 그림자는 다가오지 않았다. 4년의 대학 생활하는 동안, 처음으로 발표하는 시간의 흐름에 아쉬움을 느꼈다. '나도 충분히 잘할 수 있는 사람이었잖아!' 마무리 인사 후 고개를 드는 순간, 강의실 가득 박수와 웃음소리가 퍼졌다. 그제야 가슴이 뛰었다. 불안과 긴장이 아닌, 안도와 성취가 보낸 심장의 두 방망이질이었다.

처음으로 느낀 뿌듯함에, 정적으로 가득한 밤에도 두 눈은 말똥했다. 생각의 가지가 여기저기로 뻗쳤다. 내 속의 또 다른 내가 있었던 걸까. 가늘고 굵게 뻗기 시작하던 가지는 십 년 전 기억까지 다다랐다. 초등학교 5학년 때. 우리 학교는 2교시 수업을 마친 후, 20분 동안의 쉬는 시간이 있었다. 그동안, 4학년에서 6학년 학생들은 운동장에 모여야 했다. '한국을 빛낸 백 명의 위인들'의 음악에 맞춰 전교생이 같은 체조를 했었는데, 당시 담임 선생님이 안무를 담당했다. 우리 반 학생들은 수업 시간이나 쉬는 시간에도 틈틈이 율동했다. 공부보다 체조하는 게 좋았던 나는, 그저 열심히 따라 했다. 오랜 연습 끝에 선생님은 남학생 한 명과 여학생 한 명을 지목해 대표로 단상에 서게 했다. 며칠 채 지나지 않아, 그 여학생이 건강상의 이유로 내려오게 되며 내가 그 자리를 대신하게 되었다. 평균 키보다 작은 편이라, 선생님은 무조건 동작을 크게 하라 했다. 방과 후에도, 쉬는 시간에도 연습했다. 집에서도 이어 나갔다. 실수하고 싶지 않았다. 혹여 놀림이 될까 봐, 손가락질받을까 봐, 걱정이 휘몰아쳤다. 연습과 물아일체가 된 채 며칠을 보낸 후, 12년 인생 처음으로 많은 이들 앞에 섰다. 당시만 해도 한 학급에 오십여 명의 학생이 있었으니, 고학년 학생만 해도 천 명은 족히 넘었다. 운동장 빼곡히 채운 학생들을 마주하고 단상에 올라가기 직전, 선생님은 동작이 기억나지 않으면 옆에 있는 남학생을 따라 하라고 일러 주었다. 다른 학생들과 거리도 멀어, 실수해도 크게 티가 나지 않을 거라 했다. 2교시 쉬는 시간만 다가오면 손에 땀이 났다. 쏟아지는 빗방울이 반갑기도 했다. 하루 이틀 지나며, 눈치챌 수 없을 만큼 조금씩 나아져 갔다. 잘하고 싶지 않아도, 몸이 기억해 주었다. 매일 단상에 오르며, 자신감에 근육도 붙었다. 걱정 탑을 쌓던 체조 소녀는 오히려 아이들의 시선을 즐기게 되었다. 아래를 향하던 턱은 점차 위를 향하기 시작하더니, 으스댈 지경에 이르렀다. 처음의 긴장과 두근거림은 어디로 간 걸까. 6학년이 되며, 여학생들의 시기와 구설수에 못 이겨 스스로 내려옴을 택했다.

남들 앞에서 당당했던 모습에는 어떤 공통점이 있었을까. '반복 또 반복'이었다. 몇 년 동안 같은 일을 하며 특정 분야의 달인이 되듯, 발표도 그런 듯하다. 거듭 반복하며 익숙해졌고, 익숙함은 자신감으로 바뀌었다. 물론 많은 연습과 반복에도 불구하고 만족스러울 만한 결과를 얻지 못할 때도 있었다. 앞으로도 그러지 못한 날을 맞이한다면, 결과를 고스란히 받아들일 수 있을 만큼 마음 근육도 단단해졌다. 떨리면 떨린다고, 긴장되면 긴장된다고 인정하자. 그렇지 않은 '척'하지 않고 인정하고 받아들이며 당당하게 하고자 하는 말을 하는 내가 되려 한다.

칭찬 비타민
(이민정)

살아오면서 발표불안 때문에 내 생각을 말하기 힘들었던 날들이 많았다. 스피치라는 단어는 나와 먼 단어라 생각했고, 가까이하고 싶지 않았다. 그저 피할 수만 있으면 피하고 싶었다. 남들 앞에서 발표한다는 것은 생각만 해도 무척이나 힘든 나였다. 그런 내가 스피치를 배우고 극복해 나가게 되었다. 강은영 강사님을 알게 된 후 스피치와 인연이 된 것이다. 지금 생각해도 참 신기하다.

2019년, 나는 몇 년간의 긴 경력 단절을 끝내고 출근길에 나섰다. 계절마다 변해 가는 출근길 풍경에 즐거워하며 직장을 다니던 때다. 직장을 새롭게 다닌 지 1년도 되지 않아서 셋째를 임신했다. 다음 해 2020년, 막 코로나가 시작할 때 나는 셋째를 출산했다. 또 다시 출산으로 경력 단절이 되면서 집에서 육아에 전념하게 되었다. 그때 난 이런 다짐을 했다. 다시 전업주부로 생활하지만 성장하는 시간이 될 수 있도록 해야겠다고. 세 아이의 엄마가 되고 아이들만 보는 것도 바빴지만, 집에 있는 동안 배울 수 있는 것을 찾았다. 유튜브로 동기 부여 영상도 찾아보고 안 보던 책도 한 권씩 읽어 보려 했다.

그리고 이때 인스타그램을 배웠다. 강은영 강사님을 만난 것도 인스타그램 팔로우 덕분이었다. 강사님은 작가이시면서 발표불안 극복을 위해 강의를 하셨다. 평소 강사님의 소식은 인스타그램 피드를 통해 알고 지냈다. 강사님의 피드는 언제나 긍정 에너지가 느껴지고 기분이 좋아져서 마음속으로 좋아했던 분이다. 어느 날 강사님의 피드에 스피치 강의를 오프라인으로 한다는 글이 올라왔다. 그 글을 보았을 때 생각난 사람이 남편이었다. 예전에 남편이 했던 말이 생각났다. 남편은 여가가 있으면 스피치 학원에 다녀 보고 싶다고 했었다. 그래서 남편에게 강사님의 스피치 강의를 추천하였다. 남편이 하겠다고 하였다.

나는 강사님께 궁금한 점을 문의드리고 남편의 수강 의사를 전했다. 그런데 수강 신청이 오늘까지라는 것이다. 그때 시간이 자정까지 1시간쯤 남았었다. 서둘러 홈페이지에 들어가 여기저기 눌러 가며 수강 신청을 시도하는데 자꾸 오류가 떴다. 회원 가입이 안 돼서 강은영 강사님께 쪽지를 드렸다. 바로 답을 주셨고 알려 주신 대로 하였다. 그러나 또 오류가 뜨는 것이다. 이제는 시간이 10여 분 남았다. 컴퓨터로 해 보고 핸드폰으로도 해 보고 시간은 1분 1초 자꾸 지나갔다. 강은영 강사님과 서로 쪽지를 주고받으며 긴장감이 흘렀다. 그러다 정말 가까스로 수강 신청을 했다. 그때 시간이 오후 11시 59분이었다. 자정이 되기 1분을 남겨 놓고 정말 드라마틱한 수강 신청을 했다.

그렇게 하여 남편은 일주일에 한 번씩 퇴근 후 스피치 수업을 받으러 다녔다. 스피치를 배우고 오는 날이면 피곤하기보다는 기분이 좋아 보이는 남편이었다. 오늘 발표에서 칭찬을 받았다고 자랑도 하였다. 그런 남편의 모습을 보고 조금씩 스피치에 대한 호기심이 생겼다.

얼마 후 강사님 인스타그램에서 온라인으로 스피치 강의를 한다는 글이 올라왔다. 반가운 마음이 먼저 들었다. "줌 수업이면 나에게 딱 맞잖아!"

아이들이 없는 오전 시간이면 강의를 들을 수 있을 것 같았다. 그러면서도 한편으로는 발표불안 스피치 수업을 내가 할 수 있을까, 하는 생각이 들었다. 내가 힘들어하는 발표를 해야 하는 수업인데 해낼 수 있을까? 걱정이 들면서도 발표불안을 극복해 보겠다는 생각이 더 크게 들었다. 이런저런 생각을 하면서도 내 손가락은 어느새 신청서에 체크를 하고 있었다. 그리고 제출하기를 눌렀다.

며칠 뒤, 수업이 시작되었다. 줌 수업은 화면으로 서로 얼굴만 보면서 대화를 하는 방식의 수업이다. 처음에는 화면을 보고 이야기하는 것이 낯설었다. 줌으로 하는 수업이었지만 남들 앞에서 발표한다는 것 역시 긴장되고 떨리긴 마찬가지였다. 나에게 집중되면 긴장이 되었고 머릿속 생각들이 백지장처럼 하얗게 되는 듯했다. 강사님은 수업 시간 내내 편안하게 해 주셨다. 긴장하면 긴장하는 대로 잘했다며 칭찬을 아끼지 않으셨다. 동료들도 서로의 이야기를 듣고 응원해 주고 칭찬해 주었다. 강사님 강의에는 발표할 숙제가 있었다. 그중 생각나는 발표가 있는데 '나에게 편지 쓰기'다.

매일 가까이에 있는 나!

막상 편지를 쓰려니 내 이름을 부르는 것도 민망하고 이상했다. 그런데 또 반가운 이름이었다. ○○ 엄마, ○○ 아내로 없어졌던 내 이름을 되찾는 기분이었다. 내가 요즘 어떤 기분인지! 뭘 좋아하는지! 무엇을 하고 싶은지! 어떻게 살아갈 것인지! 이런 것들을 편지에 적었다. 그리고 수업이 있는 날 나는 동료들 앞에서 편지를 읽었다.

민정아, 하고 이름만 불렀는데 갑자기 눈물이 핑 돌고 두 뺨으로 눈물이 흘렀다. 목구멍에서 무언가 꽉 막힌 듯 말을 할 수가 없었다. 진정하고 겨우 입을 열어 편지를 읽어 내려갔다. 다음은 그날 읽었던 나에게 쓰는 편지 일부분이다.

TO. 민정이에게

민정아! 안녕. ^^

이름을 언제 불러 주었는지. 누구의 엄마로 불리던 내 이름, 이민정. 예쁘다.

이제 내가 많이 불러 줄게.

너 요즘 참 멋지다. 매일 나한테 칭찬을 해 주고 웃어 주니까 기분이 좋아지고 하루하루가 힘이 난다. 그동안 너의 마음을 잘 알아주지 못한 것 같아서 미안한 마음도 들어. 미안해!

기쁘면 같이 공감해 주고 잘했어, 라고 칭찬도 해 주어야 했는데……. 힘들면 토닥여 주어야 했는데……. 그냥 내버려 뒀던 것 같아. 그러면서 우울하고 힘들다고만 생각했었잖아.

이제부터는 우울하고 힘들면 나에게 선물도 팍팍! 주고 기쁘게도 해 줄게.

지금의 민정이는 잘하고 있어. 매일 칭찬을 받고 있으니, 내가 마치 괜찮은 사람이 된 것 같더라.

(중간 생략)

민정아! 할 수 있지?

앞으로 멋진 너의 모습이 기대된다.

잘 지내 보자.

-너를 사랑하는 민정이가-

발표를 마치자, 컴퓨터 화면 너머로 박수 소리가 들려왔다. 강사님께서는 이름만 불러도 눈물이 나는 내 마음에 공감해 주고 이해해 주었다. 칭찬의 힘은 정말 신기했다. 발표 후 동료들과 강사님은 항상 피드백을 해 준다. 응원의 말과 박수 그리고 칭찬을 해 준다. 그럴 때면 어린아이처럼 칭찬이 그렇게 좋다. 수업 때마다 나의 자존감이 올라가고 내 안에서 용기가 생기는 것을 느낀다. 과거에 발표할 때마다 두렵고 떨렸던 마음이, 이제는 설레는 마음으로 바뀌어 간다. 나에게 쓰는 비밀 편지를 동료들 앞에서 발표했다는 생각에 스스로 뿌듯했다.

발표불안 극복의 맛을 본 것이다.

발표불안은 어떻게 명품 스피치가 되는가

기분이 묘하게 좋았다. 속이 후련했다. 나도 이제 말할 수 있게
되었다.

나 사랑을 알려 주신 나의 선물
(이석경)

2022년 5월 MKYU(MK&You University, 김미경과 당신의 대학)에 입학하였다. 그곳에서 '514 챌린지'를 알았다. 매달 1일부터 14일까지 새벽 5시에 일어나서 김미경 학장님의 말씀을 듣는 것이다. 나는 늦깎이 열정 대학생이다. 김미경 학장님을 따라 성공 습관 '딱김따(딱 1년만 김미경 따라 하기)'도 한다. 인스타, 블로그도 하면서 '쉰세대'가 아닌 '신세대'로 들어왔다. 1일부터 14일간 5시 줌 교육이 끝나면 15일부터는 리더님들이 각자 잘하는 것으로 또 다른 챌린지를 연다. 그때 내 눈을 사로잡은 글이 있었다.

"발표불안이 있으신 분들 들어오세요."

아! 그래 이거다! 내가 하고 싶은 게 이거였는데! 이건 무조건 한다. 가슴에 전율이 흘렀다. 두 번 생각할 겨를도 없이 이건 꼭 하고야 말겠다며 두 눈에 불을 켰다. 그렇게 '발표불안'이라는 글자가 뇌리에 확 꽂혀 발표불안 스피치 챌린지를 신청하였다.

나는 발표불안 스피치 4기생이다. 줌을 통해 스피치를 할 수 있다니, 감개무량했다. 오리엔테이션을 한다기에 카메라를 켰다. 첫인상이 너무 멋지고 예쁘신 건 기본이요, 목소리까지 힘차고 낭랑하신 강사님. 열정 강사 강은영 선생님께서 나를 줌으로 맞이해 주셨다.

"이석경 보배님, 환영합니다."

여기저기서 내 이름을 부르는 음성이 들렸다. '헉!' 처음엔 당황스러웠다. 내 이름을 부르며 이렇게 열렬히 환영해 주는 줌은 없었다. 함께 참석한 보배님들의 목소리만 들어도 에너지가 생기고 속이 뻥 뚫렸다. '비대면 줌으로 어떻게 발표불안을 극복할까?' 반신반의하며 들어왔는데, 이곳에서 발표불안 스피치를 배우면 잘할 수 있겠다는 기대 반 설렘 반의 마음이 확신으로 바뀌었다.

스피치 1주 차 수업에 자기소개를 했다. 자기소개는 나를 알리고 처음 만난 사람과 친해지는 시간이다. 어이쿠! 여기서도 말을 시키는구나. 처음에는 '나 시키면 어떡하지?'라고 고개를 바닥으로 떨구고 있었다.

"이곳은 발표불안을 극복하기 위한 챌린지입니다. 여기 있는 분들 모두 발표에 불안이 있어요. 상황은 다 똑같습니다. 자, 그럼 누가 먼저 발표해 볼까요?"

그 말 한마디에 벌써 가슴이 콩닥콩닥 뛰기 시작했다. 그런데 나를 제외한 보배님들이 떨지 않고 모두 말씀을 너무 잘하는 게 아닌가. '이 사람들이 여기에 왜 왔지? 얘기를 들어 보니 각자 나름의 발표불안이 있었다. 강은영 강사님께서는 시원시원한 목소리로 우리 내면에 있는 커다란 장벽을 스스로 부숴 버리게끔 용기를 불어

넣어 주셨다.

강은영 강사님 덕분에 '나사랑'을 배웠다. '나사랑'은 나를 있는 그대로 사랑하고 자존감을 높이는 최고의 방법이다. 타인이 아닌 자신의 칭찬만이 자존감을 튼튼하게 만들어 주고, 나를 먼저 사랑해야 남도 사랑할 줄 안다는 사랑법이다. 자존감을 키워야 발표불안도 극복될 수 있다고 깨닫게 해 주셨다.

나 또한 자존감이 낮았다. 멘탈 파워스쿨, 이곳에서는 한 명도 '눈팅(인터넷상에서 그냥 눈으로만 지켜보기만 하는 일)' 같은 행동을 하지 않으며 멘탈 강화 '나사랑' 훈련을 한다. 나사랑 훈련 5가지 가운데 첫째는 긍정 확언이다. 이 훈련에서는 긍정 확언을 녹음한다. 그리고 이를 수시로 자기 자신에게 들려준다. 둘째는 '미소 셀카'다. 미소 셀카로 치아가 보이도록 사진을 찍는다. 나는 아침에 출근하면서 미소 셀카를 찍는다. 어느 날 미소 셀카를 찍고 있는 나를 본 동료가 말했다. "처음에는 과장님이 나를 보고 웃는 줄 알았어요. 그런데 제가 아는 체를 해도 혼자 웃으면서 사진만 찍고 계셔서 얼마나 웃었는데요." 혼자 웃고 혼자 사진 찍는 내 모습을 보니 너무 웃겼다고 한다. 다른 사람들이 볼 때는 웃긴다고 말할 수도 있지만 미소 셀카를 찍다 보니 처음에는 어색했던 표정이 자연스러워졌다. 입꼬리도 많이 올라갔다.

셋째는 나를 칭찬하는 일이다. 누구도 아닌 나를 위해서 나 스스로를 칭찬을 한다. 누군가에게 잔소리를 들어서 속상할 때도 있다. 그럴 때일수록 내가 나를 칭찬한다. 나를 잘했다고 칭찬해 주며 나의 마음을 보듬어 주니 더욱더 칭찬이 어색하지 않다.

넷째는 나에게 주는 선물이다. 나 스스로 나를 위한 선물을 주다니. 선물은 다른 사람에게만 주었지, 나를 위해서는 선물을 하지 않았다. 지금은 나에게 매일 자그마한 선물이라도 주고 있다. 영양제를 선물하니 영양제를 꾸준히 먹는 습관으로 면역력도 생긴다. 선물이 없을 때는 커피 한 잔이라도 선물을 준다.

다섯째, 감사 일기다. "감사합니다." 이 말 한마디로 인해 안 좋았던 감정도 사라진다. 자존감이 낮아 힘들었던 나에게 '나사랑' 훈련으로 발표불안을 극복하는 기회와 자신감 회복을 선물하는 중이다. 그렇게 4기 스피치 수강이 끝났다.

그러나 아직이다. 나는 발표불안에서 회복되어 가고 있는 중이지 극복은 못 했다. 강은영 강사님께서는 내 마음을 알아차렸나 보다. 새로운 보배님이 오시자, "재수강하실 분들 어서 오세요."라고 말씀하셨다. 새로운 기수와 함께 스피치를 더 하고 싶은 사람들에게 이런 기회까지 주시다니, 고맙고 감사했다. 나는 더 배워야 하고 더 극복해야 한다. 그래서 새로 개설된 줌 수업에 참여하고 싶었다. 그런데 개설 첫날, 너싱홈(요양원)에 계신 어르신이 임종하셨다. 원장님께서 장례식에 같이 가자고 하셨다. 수업 시간과 겹쳤다. 조문을 마치고 집에 도착해서 줌을 켜면 수업이 끝나는 시간이라 운전 중에 줌을 켰다. 줌을 켜고 새로 들어온 기수 보배님들과 인사를 나누었다. 한 분씩 한 분씩 발표가 끝났지만 운전하고 있는 내가 말할 상황이 안 된다고 느끼셨는지 강사님께서 "발표 안

하신 분 없지요?" 하며 끝내려고 하셨다. '어! 나는 말도 안 했는데…!'라고 마음속으로만 생각하다 용기를 내서 마이크를 켰다.

"선생님! 저 안 했어요. 저도 해 볼게요!"

내가 발표하겠다고 말을 하다니. 발표하면서 조금은 떨렸다. 괜히 했나 싶었는데 강사님과 보배님들이 칭찬을 해 줬다. 격려와 칭찬을 받으니 용기 내서 말하길 잘했다는 생각이 들었다.

"말 한마디로 천 냥 빚을 갚는다."라는 속담이 있다.

어떤 말을 하느냐에 따라 상대방을 기분 좋게 하기도 하고, 의기소침하게 만들기도 한다. 강은영 강사님은 나에게 '나사랑'을 가르쳐 주고 용기를 주신 분이다. 그분의 목소리뿐 아니라 열정적인 모습에 자꾸 빠져들게 되고, 스펀지처럼 흡수된다.

나에게 온 선물 같은 존재, 마약 같은 존재다.

2-10

발표불안의 허들을 넘어서다
(최향미)

어릴 때부터 아토피가 있었다.

오랜 시간 아토피로 고생했다. 좋아진 방법을 사람들에게 알려 주고 싶었다. 아토피가 심할 땐 심한 가려움과 점점 변해 가는 피부 때문에 죽을 것만 같았다. 그런 고통스러운 세월을 보냈기에 아토피로 힘든 사람들에게 조금이나마 도움이 되고 싶었다.

사람들에게 어떻게 하면 효과적으로 도움을 줄 수 있을까 생각을 하다가 '나눔 강의를 하는 거야!'라고 생각하였다. 나는 강의를 한 번도 해 본 적이 없고 제대로 발표를 해 본 적도 없었다. 발표불안이 심한 사람이었다.

"할 수 있다. 하면 된다."라는 말에 용기를 얻어 다꿈스쿨이라는 자기 계발 프로그램 '나인해빗'에서 온라인으로 나눔 강의를 하였다. 20분 정도의 강의 분량을 달달 외워 15분 동안 매우 빠르게 외운 것을 쉬지 않고 줄줄 이야기했다. 사람들 앞에서 긴장이 되니어서 끝내고만 싶어져서 말을 빨리했다. 강의를 보신 멘토님이 발표할 때 숨을 안 쉬는 줄 알았다고 웃음 지으며 이야기하셨다.

나눔 강의 후 여파는 컸다. 해냈다는 성취감보다 왜 이렇게밖에

2장. 속이 뻥 뚫리다

못 할까, 나 자신에게 실망스러웠다. 이제 발표는 정말 하기 싫었다. 그 후 나눔 강의를 포기하고 싶었지만, 멘토님이 연습을 여러 번 하면 나아질 거라는 격려를 해 주어, 몇 달 뒤 두 번째 발표를 시작할 수 있었다.

강의하기 전, 미리 멘토님이 이야기하신다.

"천천히만 하시면 돼요. 아주 천천히 말해 보세요."

천천히만 하라고 해서 아주 천천히, 긴장하면서, 또 손을 덜덜 떨면서 발표를 했다. 지금 그 영상을 보면 손에 땀을 쥐게 만드는 긴장된 모습이다. 긴장하고 불안한 모습으로 발표하니 사람들에게 내용이 잘 전달될 리가 없었다. 다른 사람들에게 도움이 되고 싶다는 마음이 허탈하게 무너졌다.

어느 날 나인해빗(다꿈스쿨 온라인 캠퍼스)에서 〈발표불안 극복 시크릿〉 부자 강의가 있었다. 강은영 강사님이 오셔서 발표불안에 관해서 이야기하셨다.

"아기 낳을래요? 발표할래요?" 하면 발표가 너무 힘들어 아기 낳는 것을 선택하겠다는 강사님. 발표 불안증이 심했는데 이를 극복하고 스피치 강사가 되었다고 하셨다. 이야기를 들으며 생각했다. 발표불안이 심해도 노력하면 나도 바뀔 수 있겠구나! 나도 강사가 될 수 있겠구나!

그 후 열정 강은영 강사님과 인연이 되어 온라인 수업으로 멘탈 파워스피치 강의를 들었다. 처음에는 사람들 앞에서 발표하는 것이 많이 긴장되고 초조했다. 손바닥에 땀이 났다. 일어서서 떨리는 목소리로 자기소개를 하고 인사를 했다.

발표하고 나면 피드백으로 강사님이 "너무 잘하세요! 내용이 너무 좋아요. 푹 빠져들어서 들었어요. 웃으면서 발표 정말 잘하셨어요."라고 칭찬하셨다. 뒤이어 함께 수업하는 사람들의 칭찬이 이어졌다. 살면서 발표를 잘한다는 칭찬을 한 번도 들어 본 적이 없었다. 칭찬은 고래도 춤추게 한다는 말처럼 강사님과 동기들의 칭찬을 들으면서 내 발표 실력도 조금씩 발전하였다.

강은영 강사님이 "향미 씨는 보기만 해도 해피 바이러스예요. 그냥 봐도 너무 기분이 좋아지는 그런 사람이요. 보고만 있어도 기분이 좋아지거든요."라고 하신다. 이 말에 덩달아 기분이 좋아 더 웃으면서 발표했고 강사님 말대로 나는 점점 더 행복 바이러스가 되어 간다.

'나인해빗'이라는 자기 계발 프로그램에서 열심히 미션을 달성하고 공부도 하면 한 달에 한 번, 천 명 정도 가운데 스무 명 정도 '위너'라는 상을 준다. 나는 위너에 선정되어 서울에 있는 위너 파티라는 곳에 초대되었다. 부산에서 서울로 기차를 타고 가면서 마음이 설렜다. '온라인으로 보던 사람들은 실제로 똑같을까?' 서울에 도착해 보니 나의 스승님 청울림 선생님도 계시고 아는 얼굴도 몇 명 보였다. 밝게 웃으며 서로의 안부를 물었다. 온라인이나 오프라인이나 사람들은 느낌이 비슷했다. 행사 중에 위너상을 받으면서 소감을 말하는 1분 발표 시간이 있었다. '아니, 발표라니. 난 못하는데…….' 도망가고 싶은 마음이 강렬하게 들었다. 두근거리는 심장 소리를 듣다 보니 내 차례가 다가왔다.

많은 사람을 앞에 두고 강단에 서서 마이크를 쥐고 사람들을 바라보니 가슴이 떨렸다. 심호흡을 크게 했다. 나의 소개를 한 후 발표를 시작했다.

"제가 가장 좋아하는 말 가운데 청울림 선생님이 말씀하신 '작은 성공이 모여 큰 성공을 이룬다'는 말이 있습니다. 오늘의 이 작은 성공으로 큰 성공을 이루겠습니다."

이렇게 발표를 마치자 사람들의 환호와 박수갈채가 쏟아졌다. 청울림 선생님 유튜브에 내가 발표한 부분이 영상으로 편집되어 올라가기도 했다. 강단에 서서 발표하고 난 후 처음으로 즐겁고 만족스러운 느낌이 들었다.

그 후 몇 달 만에 나눔 강의도 진행하였다.

예전과 다르게 방실방실 웃으면서 "여러분 다들 살 빼고 싶으시죠? 아토피 좋아지는 방법에 대해 제가 쉽게 알려 드리겠습니다!"라고 말하며, 아토피와 다이어트를 주제로 즐겁게 강의를 진행하였다. 강의 끝에는 청중과 질문도 주고받았다. 강의를 마치고 해냈다는 뿌듯함과 성취감이 가슴에 밀려왔다.

감동적이었다, 강의 내용이 가슴에 와닿았다, 발표불안이 전혀 느껴지지 않았다, 베테랑 강사 같았다, 아토피 이야기인데 일반 사람이 들어도 동기 부여가 되는 감동적인 강의였다, 멋지다…….

내 강의를 듣고 사람들이 해 준 말들이다. 사람들에게 도움이 된다니 행복했다. 예전에도 같은 내용으로 강의를 했지만, 강의하는 사람의 태도와 눈빛, 말투에 따라 이야기의 전달력과 흡입력이 달라진다.

기적 같은 변화였다. 예전에는 남 앞에서 1분도 발표를 못 했던 사람이 한 시간 넘게 강의를 했다. 발표불안을 극복하려면 시간과 노력과 필요하다. 한순간에 벼락치기로 이루어지지 않는다.

나눔 강의를 하기 전에 나는 수십 번씩 연습했다. 시간과 정성을 들이자 조금씩 변화하기 시작했다. 내 안의 불안을 인정하고 바라보고 사랑하고 자신을 돌보는 것이 필요하다.

자신을 돌보는 방법은 스스로 '존중'해야 한다. 그것이 나에 대한 '배려'다. 나의 마음을 헤아려 주는 것. 나를 스스로 존중해야 다른 사람들도 나를 존중할 수 있다.

누구나 노력하면 불안감을 극복하고 자신감 있고 당당하게 발표할 수 있다.

우리는 뭐든지 이룰 수 있다. '할 수 있다'라는 믿음이 있다면 꿈은 반드시 이루어진다.

3장

발표불안 극복을 위한 노하우

나를 만나는 시간
(강은영)

"작가님, 책 써 주서서 감사합니다."

《21가지 발표불안 극복 시크릿》 책이 출간되고 많은 사람들이 후기를 남겨 주셨다. 자존감 때문에 발표불안이 생긴지 몰랐다며 눈물을 흘리신 분도 있었다. 자신을 믿고 사랑하는 사람은 불안하지 않다. 자신을 믿고 사랑하는 마음만 있으면 어떤 두려움도 이겨 낼 수 있다. 자신을 믿고 '할 수 있다'는 확신만 있으면 발표불안은 극복할 수 있다. 확신이 생길 때 우리의 잠재의식은 반응하기 때문이다. '할 수 있다'는 확신은 나를 믿고 사랑하는 마음에서 출발한다.

과거에 나는 나를 사랑하지 않고 함부로 대했다. 외모, 가정 환경, 교육 환경, 재능까지 어떤 것도 마음에 드는 것이 없었다. 어느 날 마인드에 관련된 책을 읽고 강의를 들으면서 그동안 내가 나를 얼마나 학대하고 괴롭히며 살아왔는지 알게 됐다. 그때부터 나를 사랑하기로 마음먹었다. 그렇다고 어느 날 갑자기 나를 사랑하는 마음이 생기지 않는다. 조금씩 나를 만나는 시간을 가져야 한다.

매주 화요일, 나는 나를 만나기 위해 계족산에 간다. 나를 만나는 시간에는 다른 일정을 잡지 않는다. 계족산에 가면 황톳길이 있다. 맨발 걷기 코스가 있어서 자주 찾는 나만의 아지트다. 촉촉하고 차가운 황토 위에 맨발이 닿으면 세포까지 에너지가 전해진다. 세포의 진동으로 몸과 마음이 치유되는 느낌이다. 내 안의 마이너스 감정들이 발밑으로 빠져나가는 것 같다. 그 순간 나를 더 깊은 곳까지 만나게 된다. 혼자일 때라야 진정한 자유를 느낄 수 있고, 최고의 나를 만날 수 있다. 이런 시간들이 반복되면서 나의 마음 근육뿐 아니라 멘탈도 강해졌다.

중간쯤 갔을까. 빨간색 우체통이 보였다. '사랑하는 사람에게 엽서를 보내 보세요. 7일 안에 도착해요.'라는 글귀가 쓰여 있었다. 그냥 지나칠 수가 없었다. 등산객들은 가족이나 친구에게 엽서를 쓰고 있었다. '내가 사랑하는 사람'이라는 문구를 읽자마자 "나잖아!"라는 말이 내 입에서 나도 모르게 터져 나왔다. 그래서 그 자리에서 바로 나에게 엽서를 썼다.

은영이에게

은영아, 갑자기 엽서를 받아서 놀랐지?

계족산에 맨발 걷기를 하러 왔는데 사랑의 우체통이 있더라고.

사랑하는 사람에게 엽서를 보내라고 하는데 생각난 사람이 바로 너였어!

내가 정말 사랑하는 사람은 너야! 강은영!

그동안 많이 힘들었지? 지금까지 잘 견뎌 온 네가 정말 대견하고 기특하다.

잘 살아 내 줘서 고맙다. 사랑한다, 강은영!

-너를 응원하고 사랑하는 은영이가-

우체통에 엽서를 집어넣는 순간 울컥한 마음이 올라왔다. 정말 엽서가 집으로 올까? 오지 않아도 괜찮다고 생각했다. 나를 만나는 시간을 가진 것만으로도 충분했다. 일주일 뒤에 아파트 우체통에 엽서가 꽂혀 있었다.

"누구한테 온 거지?"

알고 있으면서 모르는 척하고 엽서를 꺼냈다. 글을 읽으면서 또 다시 마음이 일렁이기 시작했다. 벅차오르는 감정과 울컥한 감정이 나를 위로해 주는 것 같았다. 누가 보면 정신 이상자라고 하겠지만 자신에게 편지를 써 본 사람만이 이런 묘한 감정을 느낄 수 있다.

나를 사랑하는 마음이 생기면 기분이 좋아지고 삶이 행복해진다. 자존감과 행복은 연결되어 있다. 행복의 또 다른 이름은 자존감이다. 나는 행복하게 살고 싶어서 나를 사랑하고 있다. 나를 사랑하고 행복한 사람들은 어디서든 자신감이 넘친다. 사람들 앞에서도 웃으면서 당당하게 말한다. 내면이 우울하고 삶이 불행한 사람들은 표정이 어둡고 마이너스 에너지가 흐른다. 발표불안을 극복하고 싶다면 내면의 에너지를 플러스로 바꾸고 나를 사랑해야 한다. 마음 근육을 단단하게 하고 멘탈을 강하게 만든다면 우리는 어떤 불안과 두려움도 이겨 낼 수 있다.

나를 믿고 사랑하고 나니 발표할 때도 자신감이 생겼다. 떨려도 예전처럼 크게 신경 쓰지 않았다. 이제는 할 수 없다고 한계를 긋지 않는다. 할 수 없을 것 같아도 입으로는 '할 수 있다'라고 말해 준다. 잘하는 나만 내가 아니다. 못해도 나고, 실수해도 나다. 존재 자체로 충분히 사랑스러운 것이 바로 나다.

이제는 두려울 것이 없다.

살려고 얼마나 노력해 봤니?
(강이청)

발표불안의 원인은 과거에 있다. 과거의 사건, 사고들로 인해 불안정하게 쌓인 감정들, 살아오면서 겪은 걱정과 불안의 기억들, 그 조각조각이 모여 발표불안이라는 덩어리가 되었다. 자존감, 자신감, 용기 등을 집어삼킨 검은 그림자.

다른 사람 앞에 서서 이야기하면 목소리가 떨렸다. 초조함에 두 손을 만지작거렸고, 자꾸만 머리 한쪽을 쓸어 넘겼다. 시선은 고정되지 않았고 이야기를 하고 나면 기억도 안 났다.

멘탈 스피치에서 얻은 감사와 용기, 칭찬 샤워로 지금의 나는 밝아지고 단단해졌다. 심리 상담을 받으면서 위로의 힘으로 나를 일으켰지만, 그 멘탈을 끝까지 유지하는 것은 결국 나다. 발표불안이라는 증상이 없고, 있더라도 그것이 자신의 사회생활에 큰 문제가 되지 않는다면 힘든 과거까지 거슬러 올라갈 필요는 없을 것이다. 그러나 나는 내 원초적인 불안함을 찾고 싶었다. 찾아서 나에게 사과하고 싶었고 다독여 주고 싶었다.

멘탈 식구들과 스피치 수업을 하다 보니 서로 오고 가는 이야기 속에서 몇 가지가 불현듯 생각났다.

둘째가 자폐아 판정을 받았다. 긴 이야기들을 다 늘어놓기엔 지루하다.

장애가 있는 부모들이 다 그렇듯 학교 문제로 머리가 아프다. 특수 학교를 보내야 할까, 말아야 할까. 아니면 유예를 할까. 괜히 이렇게 했다가 아이에게 무슨 일이 생겨 욕먹으면 어쩌지? 어차피 결정은 내 몫인데 왜 그 결과에 대해 다른 사람 시선을 신경 썼는지 모르겠다. 나 스스로도 이게 과연 맞는 선택일까, 매해 생각이 많아진다.

생각하지 못했던 인생의 변수가 또 왔다. 셋째가 성장 호르몬 결핍이라고 했다. 잘 때도 운동할 때도 일반 아이들과 달리 성장 호르몬이 거의 안 나온다고 했다. 이유도 병명도 불확실한 '원인 불명의 뇌하수체 기능 저하증'. 호르몬을 일방적으로 몸에 주입해 주어야 한다. 그나마 다행인 것은 평균에 못 미치기에 보험이 적용되어 주사 비용이 약 3분의 1 수준이라는 점이다. 하지만, 보험을 받고도 약값은 무시하지 못했다.

나는 매일 밤 일일 간호사가 된다. 징징거리는 셋째의 팔이며 엉덩이에 주사를 꽂을 수밖에 없었다. 그런 아이가 이번에는 또 ADHD라고 했다. 어쩐지 성격이 예사롭지 않더라. 근데 왜 불행은 또 나한테만 오는 거야? 불행의 연타였다.

아이들과 놀이동산에 갔다. 평소 무서워서 못 탔던 놀이 기구들을 타고 싶었다. 두려움이 없어졌다. 대관람차를 타도, 높은 곳에서 회전하는 기구를 타도 무섭지 않았다. 흩날리는 머리칼 사이로 눈물방울도 함께 날렸다. 쨍한 여름 햇살이 내리쬐는 공중에서 눈을 감았다. 빙글빙글 돌았다. 몽롱한 느낌을 받으며 생각했다.

'죽으면 이런 느낌일까……? 그럼 난 죽고 싶다.'

화장실에 들어가 거울 속의 나를 보았다. 머리칼은 흐트러지고 옷은 축 늘어졌다. 얼굴은 푸석푸석하고 거무죽죽했다. 눈동자는 얼마나 울었는지 붉게 충혈되어 울다 만 눈동자에는 눈물이 고여 있었다. 진한 쌍꺼풀은 팅팅 부어 나조차도 보기 싫은 해골이 하나 있었다.

세계적인 K-pop 아이돌 방탄소년단 앨범에 'I'm Fine'이라는 노래가 있다. 가사 속에는 이런 구절이 있다.

『차가운 내 심장은 널 부르는 법을 잊었지만 외롭지 않을 걸. 괜찮아, 괜찮아. (중략) 이젠 너의 손을 놓을게. (중략) 더 이상은 슬프지 않을래.』

갑자기 오른쪽 뒤통수를 누가 갈긴 것 같았다. 정신이 번쩍 들었다. 가사 전체가 나를 향하는 메시지로 들렸다.

'너 왜 이러고 있어? 대체 왜? 이제 이렇게 살지 말자.'

내 안의 어둠과 손을 놓기로 했다. 마음을 고쳐먹기로 했다. 나의 이런 생각들을 안다면 속상해하실 부모님과 아이들에게 미안한 마음이 들었다.

몇 년 전 여동생이랑 유명하다는 철학관에 사주를 보러 갔다.

"나랑 친하게 지내요! 이청 씨는 2~3년은 경험들을 쌓는 시기고, 5년 안에 대운이 오겠네. 정말 유통업으로 엄청 잘되겠어요!"

이 아저씨 장사 잘하시네! 좋은 말을 들으니 마스크 안의 입술이 씰룩씰룩 난리가 났다. 답답해서 본 건데, 좋은 말들만 흡수하니 기분이 좋아졌다.

나 나름 스스로 치유해 보려고 노력했다. 아이돌 덕질도 해 보고, 지인을 만나서 바람도 쐬러 다녔다. 아는 언니 소개로 볼링을 시작했다. 지친 삶이라는 검은 공에 틈이 생겨 빛이 들어오기 시작했다. 나가고 싶다……. 밝은 곳으로.

장애아 부모 교육 때 심리 상담을 해 주시던 소장님께 문자를 드렸다.

"저 좀 살려 주세요."

어느 한적한 수목원에서 만난 소장님은 몇 달 전 봤을 때와는 다른 내 모습에 놀라셨다. 왜 이렇게 자존감이 확 떨어졌냐며 걱정하셨다. 확실히 상담은 나에게 큰 효과를 불러왔다. 장애아를 가진 부모들의 심정을 잘 아시는 분이기에 내가 나아가야 할 방향을 잘 짚어 주셨다. 장점을 꺼내어 자존감을 높여 주셨고, 마인드 코칭을 해 주셨다. 내가 취미를 갖길 권하셨다. 나처럼 장애아를 키우는 부모라고 해서 우울하게 집안에만 처박혀 아픈 아이를 돌보며 울고만 있을 수는 없지 않나. 치료비도 많이 들어가는데 내가 돈이라도 벌든가, 아니면 뭐라도 하자. 나의 우울이 아이들에게까지 전해지지 않도록 밝아지자. 내가 잘하는 것을 이미 알고 계셨던 소장님은 앞으로 내가 할 수 있는 일에 대한 희망도 심어 주셨다. 힘들었던 나에게 진심을 담아 위로해 주셨다. 이영란 소장님은 그때의 나에게 살아갈 희망을 심어 준 은인이셨다. 죽을 때까지 걸어가야 할 이 힘든 여정에 길을 잃지 않도록 등대처럼 빛을 비추어 주셨다.

발표불안을 극복하려면 나의 불안 요인을 먼저 찾아내 과거의 나와 타협해야 한다. 하지만 이 과정이 얼마나 힘들고 아픈 건지 너무도 잘 안다. 마음 정리와 안정이 되어야 한다. 과거의 나를 들여다볼 준비와 용기가 필요하다. 나는 밑바닥까지 가서 스스로 기어올라 왔다. 그래서 오래 걸렸다. 어느 날 번개 치듯 내 머릿속을 때린, '나 왜 이러고 살고 있지?'라는 생각과 아이돌 가수의 노래 한 곡으로 생각을 180도 돌려먹었다. "괜찮아." 이 단어를 수백 번 수천 번 수만 번을 되뇌었다.

"이청아, 괜찮아. 진짜 괜찮아⋯⋯. 괜찮아질 거야. 이렇게 살지 말자. 다 이겨 낼 수 있어!"

위로라도 받고 싶어 철학관에 갔다. 몸을 움직여 볼링도 쳤다. 심리 치료도 받았다. 나는 살고 싶었나 보다. 힘든 나로 말고, 더 나은 나로, 밝은 나로⋯⋯.

나의 이 모든 상황이 지금 플러스가 되고 있다는 것을 나는 안다. 이런 상황이 아니었다면 결코 만나지 못했을 사람들과 접해 보지 못했을 세상들. 내 아이들이라고 그러고 싶어 그렇게 태어났을까……. 굳이 내가 죄책감을 느끼지 않아도 된다지만 미안한 마음이 아예 없을 수는 없다. 하지만 이런 말이 있다. 적을 알고 나를 알면 백전백승이라고. 내가 나를 알아야 뭐든 해 볼 수 있다.

무뎌짐은 단단함으로 바뀔 것이고 단단한 틀을 깨고 나오면 밝은 빛을 향해 날아갈 시기가 온다.

나의 스피치 히어로
(김경희)

한 작가님의 강의가 있었다. 《21가지 발표불안 시크릿》이라는 책을 가지고 온 강사였는데, 평소 발표불안에 시달리던 내겐 너무 반가운 손님이었다. 발표불안에 시달리던 저자가 강사가 되어 특강을 하다니, 신기하기도 하고 부럽기도 했다.

강의가 끝난 후 메모해 둔 연락처로 직접 전화를 걸었다. 그 당시의 난 공동으로 집필 중인 프로젝트가 있었고, 출간될 책을 주제로 발표를 준비했어야 하는 상황이었다. 나는 그녀에게 발표불안을 극복하고 싶다고 했다. 시원스럽게 내뱉는 말투에 기분이 좋아졌다. 속에 담아 두었던 고민, 지금 내게 처한 환경 등 남몰래 눈물 흘렸던 이야기들까지 나도 모르게 털어놓았다. 통화가 끝난 다음 주부터 그녀가 진행하는 발표불안 수업을 시작하게 되었다.

이 수업에선 서로에게 힘을 주며 응원한다. 잘하지 않아도 괜찮다고, 부족해도 괜찮다고. 사랑과 존경의 말로 서로의 성공을 빌어 준다. 진심이 가득 담긴 응원을 받고 나면 허했던 마음의 빈 곳이 따뜻한 용기로 채워짐을 느낀다. 생각해 보면 말하기와 직접적으로 상관 있는 일들은 아니었다. 화려한 언변을 위해 필요한 기술들을 먼저 배울 수도 있었겠지만, 보다 근본적으로 나와 모두에게 필요했던 것은 할 수 있다는 누군가의 작은 격려와 응원이 만든 자신감이었다.

좋은 습관이 필요했다. 기죽어 있기보다는 자주 웃는 것. 또 그런 자신을 아침마다 거울 앞에서 마주하는 것. 너는 지금 자신감 있게 웃고 있다고, 할 수 있다고 억지로 최면을 걸어 보았다. 에너지가 과분한 날에는 미친 사람처럼 크게 웃기도 했다. 물론 고요한 새벽에 정말 크게 웃지는 않았지만, 그 모습에 스스로가 웃기도 했던 것 같다.

기본적인 발성 연습, 입안에 공간을 최대한 만들어 놓고 소리를 냈다. 뭉그러진 발음을 힘 있게 소리 내어 말했다. 좋지 못한 습관도 바꿨다. 말을 할 때 생각하느라 눈을 위로 치켜뜨는 버릇이 있었다. 무심결에 한 행동이라 의식하지 못한 내 습관은 삼자의 눈으로 조금씩 고쳐졌다.

웃는 모습을 카메라에 담아 함께 공유하는 시간도 많이 가졌다. 작은 화면에 담긴 내 모습이 어색했던 처음을 잊지 못한다. 아들의 도움을 받아 가며 억지로 짓던 웃음이 조금씩 자연스러워지는 그 변화가 낯간지럽기도 하고 기쁘기도 했다. 내가 짓는 미소가 보기 좋다며 에너지를 받았다는 누군가의 말에 기분이 좋았다.

흔들리지 않는 꿈도 필요했다. 강사님은 꿈을 가진 사람은 회복 탄력성이 높아진다고 했다. 시간과 세계에 흔들려도 꿈이 있다면, 쉽게 일어날 수 있다고 했다. 꿈은 머릿속에 정리되어 나라는 배를 흔들리지 않게 할 강력한 닻이었다. 내 가슴을 뜨겁게 한 작가라는 꿈을 한 번 더 마음에 깊게 새겼다.

4주간의 수업에서 여러 사람을 만났다. 강사님을 비롯한 다양한 사람들과 과하다 싶을 만큼의 무한 칭찬과 격려를 아끼지 않았다. 스피치 수업인 동시에 자존감 수업이었다. 발표할 때 긴장이 줄었다. 칭찬을 들으며 자신감이 아주 조금씩 생겨나기 시작했다. 일주일 동안 직장에서 일어났던 일, 집에서 생겼던 가족 간의 여러 가지 갈등, 그 속에서 울고 웃었던 감정들을 솔직하게 털어놓았다. 내 이야기를 털어놓을 수 있는 곳이 있다는 사실이 얼마나 감사한 일인지 새삼 고마웠다. 그동안 마음속에 응어리진 일들이 쌓여 있어서 그렇게 힘이 들었나 보다.

그리고 대망의 공동 저서 프로젝트의 발표 날이 찾아왔다. 두 아들의 도움을 받으며 발표 전까지 발표 자료와 내용을 급하게 점

검했다. 조금씩 생겨난 자신감과 별개로 급한 준비 탓에 마음이 계속 불안했다. 미리 준비하지 않고 늑장을 부린 탓에 제대로 리허설도 하지 못했다. 준비가 덜 되다 보니 불안했고 대본에만 집착했다. 나를 보고 있던 수많은 시선 앞에서 버벅이는 스스로가 조금 부끄러웠지만, 떨리는 스스로를 조금이나 믿으며 발표를 진행했다. 돌이켜 보면 너무 긴장해서 무슨 정신으로 발표를 했는지 기억도 잘 나지 않는다.

떨리는 몸을 이끌고 발표를 마쳤다. 하지 못할 것 같던 발표를 마쳤을 때의 개운함은 어느 것과도 비교할 수 없이 시원하고 통쾌했다. 비록 그 과정이 완벽하지 않았지만, 끝이라는 것에 도달했다는 성취감은 행복이라 부르기 충분했다. 서은국 교수가 쓴 《행복의 기원》에서는 다음과 같이 말한다. "행복감이란 생존과 종족 보존을 위한 수단이며, 행복은 아주 구체적으로 경험할 수 있는 것"이어야 한다는 주장이다. 발표가 끝난 후 느꼈던 떨림과 여운은 내가 "생존"하고 있음을 확인시켜 주는 것이었다. 뜨거운 "살아 있음"의 감정이었다.

많은 이들 앞에서 말하던 순간, 나는 혼자가 아니었다. 나와 함께 서로를 응원하며 웃었던 사람들과 강사님, 내게 힘을 채워 준 많은 웃음과 격려들. 그들과 함께 서서 말하고 있던 것과 다름없었다. 나와 함께해 준 이 고마운 사람들을 나는 나의 영웅, "히어

로"라고 부르기로 했다. 나의 영웅들에게 이 글을 빌려 감사함을
전하고자 한다.

3-4 아무리 어려운 일이라도 반복하다 보면 어느새 휘파람 불며 하게 된다 (김소진)

소심한 성격 탓에 처음 보는 사람에게는 말도 먼저 못 붙인다. 인사하고 싶고 아는 척해서 친하게 지내고 싶은데 우물쭈물 시간만 보내고 있다. 다른 사람의 친절한 인사말 뒤에 숨어 나도 그렇다는 듯 고개만 끄덕이고 있다. 무엇이 나를 이렇게 선뜻 말도 못 꺼내는 바보로 만들었을까.

어릴 적 많은 가족 틈에서 존재감 없이 조용히 살았다. 5형제들 중 나만 빼고 모두 공부 머리가 있어 전교에서 다섯 손가락 안에 항상 들 정도로 공부를 다 잘했다. 나는 주워 온 아이라고 할 정도로 공부에는 관심이 없고 혼자 다락방에서 끄적이는 낙서 수준의 그림만 그렸다. 가족들이 나를 따돌린 건지 내가 가족들을 따돌렸는지는 모르겠지만, 혼자 있는 걸 좋아했다. 그림 그리고 일기 쓰고 누군가에게 편지를 쓰며 혼자 놀았다. 가끔 동생이 인형 놀이를 하자고 다락에 올라오면 내가 종이에 인형과 옷으로 그려 줬다. 그걸로 동생은 재미있게 놀았다. 인형 옷을 만들 때는 오리고 붙이고 색종이로 정성을 다해 꾸며 놓는다. 만들기 놀이는 나를 상상의 나라 속 주인공으로 만들어 줘서 신이 난다.

어느 날부턴가 천으로 인형을 만들기 시작했다. 사람 모양의 하얀 천 두 장을 잘라서 솜을 넣고 바느질을 한다. 연필로 눈, 코, 입을 그리고 검정 실을 길게 늘여 머리카락을 만든다. 예쁜 천 조각으로 검은 실의 머리를 묶어 올리면 금방 예쁜 아가씨가 탄생된다. 엄마가 쓰고 남은 천 조각으로 인형 옷을 만들었다. 동생의 아이디어로 세련된 옷이 될 때도 있다. 동생은 만들기는 못하는데 예쁜 옷 모양 찾는 데는 선수다. 어디서 봤는지 기억도 잘한다. 드라마에 나오는 배우들의 옷을 기억했다가 내게 말로 주문한다. 옷 모양을 그릴 때는 둘이 눈에서 빛이 난다. 꼭 대기업 디자이너처럼 의논하고 논쟁하고 타협하다 보면 멋진 한 벌의 옷이 탄생한다.

이런 우리의 놀이에 엄마는 감탄한다. 백화점에서나 볼 수 있는 고급스러운 인형과 옷을 만들어 냈다고 신기해하다가도, 그 재주로 공부를 좀 했으면 전국 일등을 했겠다고 한다. 매사에 공부와 연결한다. 엄마는 "숙제했냐?", "복습했냐?" 매일 묻고 또 묻는다. 그리고는 "이런 바느질만 잘하면 복이 없어져 못 산다."고 했다. 손재주가 많으면 고생하고 가난하게 산단다. 엄마 말로는 옛날에는 못사는 사람들이 옷을 만들고 수선했다고 한다. 좋은 옷은 나중에 공부 잘해서 돈 많이 벌어서 예쁜 옷 사 입으면 된다고, 다락에서 인형 놀이는 그만하고 공부 좀 하라고 한바탕 야단했다. 언니도 옆에서 거든다. 인형 옷을 만드는 시간은 있으면서 공부할 시간은 없냐고 엄마보다 더 잔소리다. 나이 차이가 있는 언니라 한마디 대들 수도 없고, 그럴 용기도 없었다. 매일 공부 못한다고 나를 구박하는 언니라 보기도 싫은데, 더욱 사람을 바보 천치로 만든다. 나도 공부 잘하는 사람이 되고 싶다. 하지만 "난 공부보다 그림 그리고 옷 만드는 것이 더 좋은데!" 이렇게 소리 지르고 싶었다.

언니의 벌로, 반성문 같은 앞으로의 계획을 썼다. 공부 안 한 것은 학생으로서 잘못한 것이지만 교과서를 펴면 다른 것이 생각나고 자꾸 낙서만 하고 싶어진다고 하소연했다. 앞으로 공부에 더 노력을 쏟아 보겠지만 혼자 있는 걸 좋아하니 다락방을 내 방으로 해 달라고 했다. 이 하소연 같은 반성문을 본 아버지는 다락방에 예쁜 좌식 책상을 넣어 주셨다. 역시 아버지는 최고다. 큰오빠는 연습장 100장을 사 주었다. 그림 그릴 종이가 많아 좋아했는데 알고 보니 매일 공부한 흔적을 제출하란다. 한 장이라도 괜찮고 반 장이라도 괜찮다는 큰오빠. 온 식구가 나를 못 잡아먹어 안달이 난 것처럼 달려들어 지켜보고 있다. 그때의 숨 막히고 자존심 상하는 기분 나쁜 느낌을 잊을 수가 없다.

친한 사람과는 말은 잘한다. 먼저 연락하고 만나서 수다도 떨고 하는데 낯선 사람과 함께하면 갑자기 입이 굳어 소심해진다. 이렇게 살 수 없다고 여러 번 생각했다. 사회생활을 하려면 뻔뻔해져야 한다는 말도 있다. 나도 노력하면 되겠지? 이런 희망으로 작은 것부터 시작했다. 나름의 노력으로 지금은 낯선 사람들과도 말할 수 있다. 이런 작은 성공이 모여서 발표불안에서 어느 정도는 벗어났다고 생각한다.

발표불안을 극복한 나의 경험을 3가지로 좁혀 보았다.

1. 누구든 인사는 내가 먼저 한다. 친구에게, 또 사회에서 만난 지인들에게 내가 먼저 인사하니 모두 따듯하게 맞아 주고 이야기도 잘된다. 진작 이렇게 할걸 하는 생각이 들었다. 인사를 먼저 했을 뿐인데 어느새 내가 좋은 사람이 되어 있었다. 매일 만나는 사람에게도 인사하고, 아이한테도, 청소하는 아주머니에게도 인사를 했더니, 그 인사 한마디가 봄 햇살처럼 따듯하고 환한 미소를 머금게 했다.

2. 어떤 모임이든 재미있는 이야기 하나를 생각해서 나간다. 모임이 있기 며칠 전부터 이야기를 수집해서 잘 전달될 수 있도록 설명문을 만들어 몇 번 읽어 보고 외워 갔다. 막상 이야기하면 준비한 이야기와 다르게 흘러갔지만, 듣는 사람들이 재미있어 하고 모두가 집중하는 모습이라 신이 났다. 다들 내 이야기에 공감한다면서 내가 가지고 온 주제와 연결 지어 이야기를 계속 이어 나갈 때면 마치 내가 이 모임의 주인공이 된 듯하다. 뿌듯해진 마음에 입꼬리가 저절로 올라간다.

3. 많은 사람 앞에서 발표할 때는 모인 사람들의 관심이 어디에 있는지 미리 알아보고 준비한다. 얼마나 잘하나, 하고 면접관으로 온 사람은 없다. 난 내가 준비한 내용에만 집중하면 된다. 모인 사람들도 사람이고 나도 사람이다. 무서워할 필요 없다. 우리도 어느 강연회를 가면 하는 말을 다 기억하지는 못하지 않는가. 나를 만족시키는 발표를 하면 된다고 생각하자. 나도 뻔뻔스럽게 얼굴을 들고 말하기 시작했다. 그런데 앞에 있는 사람들의 얼굴을 보면 더 떨린다. 이럴 땐 얼굴 말고 사람과 사람 사이나 어떤 사물을 바라보고 연습한 내용만을 생각한다. 떨림은 없어지고 하고자 하는 말이 술술 나오게 된다.

처음이 어렵다. 운전면허증을 따고 초보 운전일 때 혼자는 죽어도 못 한다고 엄살을 부렸는데, 지금은 어디든 혼자 달린다. 아주 가끔은 신호 위반도 뻔뻔하게 하고, 혼자가 더 편하고 좋다고 이젠 혼자서 잘도 다니는 내가 되었다. 아무리 어려운 일이라도 반복하면 어느새 휘파람 불며 그 어려웠던 일을 하고 있을 날이 온다. 주차장에 주차도 못해 몇 번을 넣고 빼고를 반복하다 성공한 적도 많았다. 이제는 한 손으로 한 방에 주차하고는 살짝 웃는다. 주차든 발표든 몇 번 하고 나면 일도 아니다.

3-5 나를 알고 불안을 알면 백전백승 (김수아)

　나는 대학원생이자 발레를 가르치는 강사다. 매 수업 발표가 있고, 내가 가르치는 수업 역시 내게는 발표 같았다. 특히 강사이기 때문에 발표불안 극복이 매우 절실했다. 이번 스피치 수강을 기회 삼아 기필코 이 발표불안에서 벗어나리라 다짐했다.

　자기 자신을 아는 것은 발표불안 해소에 매우 중요했다. 먼저 발표 시 나의 강점과 약점을 인식해 본다. 강점은 약점을 보완해 주는 방패가 되었고, 약점은 내가 주로 어떠한 것에 불안을 느끼고, 실수하는지를 알게 해 주어 해결책을 세울 수 있었다. 나의 약점이 곧 불안 원인이었다. 적을 알고 나를 알면 백전백승이라는 말처럼 나를 알고 원인을 알게 되니 승리의 희망이 보이는 듯했다.

　불안 원인 첫 번째, 남을 지나치게 의식했다. 나는 평소 남을 많이 의식하는 사람이었다. 발표할 때 말을 더듬고, 목소리가 떨리면 나 스스로도 당황했지만 남이 나를 어떻게 생각하는가에 더 신경 썼다. 그로 인해 다음 할 말까지 영향을 미쳐 더 실수하게 되었다. 그 실수로 남을 의식하고 또 실수하고, 계속 연속의 연속이었다.

스피치 선생님이 이런 말을 했었다. 남은 나에게 큰 관심이 없다. 즉, 나 스스로는 청중으로 인해 긴장되고 불안하지만 정작 청중은 내가 긴장하고 있는지 잘 모른다. 발표를 들을 때 말투, 제스처, 떨림 하나하나 신경 쓰며 듣지 않는다. 내가 그렇듯 청중도 마찬가지 아닐까.

스피치 수업 시간, 발표할 자리에 섰다. 여러 사람 앞에 서니 또다시 손이 덜덜 떨렸다. 이때 생각했다.

'떨리면 떨리는 대로, 말을 더듬으면 더듬는 대로. 남은 나에게 관심이 없어.' 부담이 훨씬 덜해졌다. 실수를 하더라도 크게 연연해하지 않았다. 그리고 이렇게 마인드 컨트롤 했다.

'나를 어떻게 보든지, 말든지. 에라, 모르겠다!'

이런 마음으로 임하니 발표 부담이 확 덜어졌다. 신기하게 말도 자연스레 잘 나왔다.

발표불안 원인 두 번째, 실전에 대비한 연습이 부족했다. 대학 시절 발표를 망쳤던 경험을 떠올려 보면 연습을 제대로 하지 않았던 탓이 컸다. 대학 시절 나는 뭐든 '대충' 하는 스타일이었다. 그렇게 연습도 하지 않고 발표를 했으니 그날의 일은 충분히 예상할 만한 결과였다. 발표의 분량과 상관없이 준비와 연습은 필수다.

나는 모든 연습을 '실전'이라 생각했다. 그리고 발표 준비 시 3단계로 나누어 실전 연습을 하였다. 연습 1단계로 가장 먼저 하는 것은 발표 자료에 대한 대본을 만들어 '소리 내어' 읽어 보는 것이다. 대본을 눈으로 훑어보는 것은 연습이 되지 않았다. 눈으로 열 번 보는 것보다 한 번이라도 목소리를 내어 읽어 보는 것이 실전에는 훨씬 도움이 되었다.

연습 2단계는 소리 내어 읽었을 때 막히는 부분을 미리 체크해 보는 것이다. 나 같은 경우에는 리을, 지읒과 같은 특정 발음이 잘 안 되어 말하다가 막히곤 했다. 이렇게 발음이 새는 부분은 반복적으로 읽으며 단어가 혀에 익숙해지도록 만들었다. 나는 긴장하면 점점 말이 빨라지는 일이 많았다. 그래서 긴 문장에 띄어쓰기 여백마다 체크 표시를 하고 그 옆에 '천천히'라고 미리 써 놓기도 했다. 이렇게 미리 상황을 경험해 본 과거의 내가, 실전에는 발표 선배가 친절히 안내를 해 준다.

연습 3단계는 자리에서 '일어서서' 읽어 보는 것이다. 연습할 때 일어서는 것은 발표 상황을 미리 경험하게 하는 효과가 있었다. 약간의 긴장감을 느끼며 발표 상황을 미리 가정해 보았다. 불안 정도가 심할수록 상황을 최대한 똑같이 재현했다. 여기서 좀 더 신경 쓴다면 의상도 미리 입어 보고, 표정과 제스처도 함께해 본다. 이렇게 간접적으로 발표 상황에 여러 번 노출되도록 하여 멘탈을 더욱 단단하게 만들었다. 어떤 일이든 여러 번의 경험이 쌓이면 익숙해지기 마련이다. 숙달이 되면 자신감으로 이어진다. 우리의 인생은 실전이다. 그러기에 연습도 미래의 실전, 실제 발표도 미리 해 보았던 과거의 실전이다. 둘이 다를 게 없다.

발표불안은 어떻게 명품 스피치가 되는가

발표불안 원인 세 번째, 잘해야 한다는 강박이 나를 더 긴장하게 했다. 나는 게으른 완벽 주의자였다. 완벽을 원하면서도 그에 따른 행동은 허술했다. 과거에 발표불안이 심하게 있던 날들을 돌이켜 보면 하나의 공통점이 있다. 바로, 잘해야 한다는 강박이다. 물론 발표는 누구나 잘하고 싶을 것이다. 그러나 '잘해야만' 한다는 생각은 큰 부담을 주었다. 나는 발표 도중에 작은 실수라도 하게 되면 마치 그날의 발표를 전부 망친 것처럼 좌절했었다. 발표 전 스스로에게 '잘해야지, 잘해야 해.', '절대 실수하지 않을 거야.'와 같은 강박을 갖게 되면 부담이 더 늘어났다. 이런 날은 더 실수를 하고 만다. 그래서 나는 딱 내가 '연습한 만큼'만 하자는 마음으로 발표를 시작했다. 그리고 '에라, 모르겠다.' 마인드도 함께. 이렇게 마음의 부담이 덜어지니 연습한 만큼은 물론, 어느 날은 연습 때보다 더 잘하게 되는 날도 있었다.

발표불안 원인 네 번째, 어차피 못할 발표라 자신감 없이 발표했다. 발표 시 나의 불안 증상을 미리 예상했다. 결국 예상대로 말더듬기, 혀가 굳는 느낌의 긴장 증상이 나타났고, 이로 인해 더 위축되었다. 그런 날은 평소보다 말을 더 못했다.

살면서 근거 없는 자신감이 도움이 될 때가 있다. 바로 발표할 때다. 나는 너무 자신이 없어서 자신 있는 척 연기라도 했다. 신기하게도 자신 있는 '척'하다 보면 나도 모르게 진짜 자신감이 생겼다. 그게 아무리 연기라 할지라도 나의 태도로 뇌가 속은 듯했다.

큰 목소리, 활짝 핀 어깨, 자연스러운 제스처를 사용한다. 그리고 일부러 표정을 더 환하게 지어 본다. 이것은 나의 강점이었다. 긴장할수록 더 밝게 웃었다. 밝은 표정을 지으니 뇌가 편안한 상태라 착각을 한 듯했다. '웃으면 행복해진다'는 말처럼 이것을 역으로 이용했다. 신기하게도 불안함은 가라앉고 마음이 한결 편안해졌다. 이러한 훈련을 계속 반복했다. 어느 날 나는 진짜 자신감 있는 사람이 되어 있었다.

발표불안 원인 다섯 번째, 온전히 나에게 집중하지 못했다. 나는 평소 산만한 편이었다. 말하는 도중, 상대방의 눈빛이나 반응, 분위기에 압도되어 집중력이 쉽게 분산되었다. 그럴 땐 말을 잘하다가도 순간적으로 말문이 막혔다. 계속 청중을 의식하느라 생각이 뒤죽박죽되어 말하고자 하는 내용이 뒤섞였다. 청중의 눈으로 내 모습을 그렸다. 발표를 할 때 온 신경이 청중을 향해 있다. 물론, 발표 시 청중을 의식하는 것은 당연한 일이다. 그러나 그 이전에 더 중요한 것이 있다. 말하는 나 '자신'에게 집중하고 있어야 한다는 점이다. 말을 하고 있는 건 바로 나 자신이다. 그러므로 나 자신에게 집중해야 말이 잘 나온다. 하지만 나를 긴장하게 하는 청중의 눈빛, 강단, 발표장 규모, 불안 증상들과 같은 외부 환경이 눈에 먼저 보여 온 신경이 분산되었다. 이럴 땐 얼른 정신을 차리고 오로지 '나'와 '발표 내용'에만 집중하려 노력했다. 지금 여기에 '나'와 '발표' 말고는 아무것도 없다고 생각한다.

이렇게 불안 원인만 찾아도 해결 방안은 거의 찾은 셈이었다. 나는 늘 이렇게 신체적 준비와 정신적 준비를 함께 했다. 신체적 준비를 했어도 정신적 준비가 안 되었으면 불안 증상이 나왔다. 실수를 하더라도 '그럴 수도 있지' 생각해 버린다. 숨을 크게 내쉬어 본다거나 유머러스한 농담으로 상황을 가볍게 넘겨 보는 등 유연한 대처 방법을 미리 생각해 본다. 어떠한 일이든 예상치 못한 변수가 존재하기 마련이다. 살면서 계획대로 '완벽하게' 진행되는 일이 얼마나 있을까.

이렇게 다방면으로 준비할수록 그날의 성공 가능성은 높아졌다.

자, 이제 나의 원인을 알고 해결책을 알았으니 발표는 백전백승이다!

말을 잘하는 것은 노력의 결과이다
(김태경)

나는 낯선 사람들 앞에 서면 꿀 먹은 벙어리가 되었다. 남의 눈에 띄기 싫어서 조용히 있었다. 당당하고 조리 있게 말하고 에너지 넘치는 사람이 부러웠다.

2022년 7월, 내가 활동하던 지역 커뮤니티에서 북클럽 회원을 모집하고 있었다. 평소에 책 읽기를 즐겨 하던 나는 참여하고 싶었다. 그러나 발표불안이 있어서 선뜻 참여 의사를 밝히지 못했다. 책 읽은 느낌을 공유하고 토론하는 시간이 두려웠기 때문이다.

그즈음 내가 활동하고 있는 새벽 기상 커뮤니티가 있었다. 그곳에서는 재능 기부 강의를 저렴하게 들을 수 있는 혜택이 있었다. 북클럽에 참여하고 싶어서 나에게 맞는 프로그램이 있는지 찾아보기 시작했다. 바로 그때 눈에 들어온 강의가 있었는데, '떨지 않고 말하기 챌린지'였다. "바로 이거야"라고 외친 후 신청 버튼을 눌렀다. 그 후부터 걱정이 되기 시작했다. 수업 시간에 발표를 해야 할 것이다. 시작도 하기 전부터 긴장되었다. 드디어 1주 차 수업이 있는 날이 되었다. 나는 계속 고민했다. 화상으로 하는 수업이었는데도 너무 떨렸다. 수업에 들어갈까, 말까. 나의 이성은 들어가야 한다고 하고, 나의 감정은 힘든 것 하지 말라며 유혹했다. 고민 고민을 하다가 용기를 냈고 접속 버튼을 클릭했다.

수업이 시작되었다. 가장 먼저 한 것은 자기소개였다. 선생님께서 먼저 자기소개 하는 방법을 설명해 주셨다. 1단계, 호감 있어 보여야 한다. 이름 앞에 나를 어필할 수 있는 수식어를 깔아라. 2단계, 좋아하는 것이나 취미, 특기 등 장점을 어필하라. 3단계, 모임에 나온 이유를 말해라. 이 단계에서는 다짐과 각오, 부탁 등도 같이 말한다. 4단계, 시간은 1분에서 1분 30초를 넘기지 마라. 자기 자랑은 하면 안 된다. 이렇게 자세하게 알려 주시니 자기소개가 훨씬 편해졌다. 나는 배운 대로 노트에 키워드를 메모해 보았다. 다른 사람들이 앞에서 차례대로 발표를 했다. 모두들 너무 잘했다. 떨렸지만 '할 수 있다'는 마음으로 나를 응원했다. 드디어 내 차례가 되었다. 나는 일어나서 내 소개를 시작했다.

"안녕하세요. 프로 칭찬러 김태경입니다. 만나서 반갑습니다. 저를 대표하는 말은 끈기와 성실함인데요. 뭐든 한번 시작하면 포기하지 않고 꾸준한 것이 제 장점이기 때문이에요. 저는 등산을 꾸준히 하고 있어요. 남편 취미가 등산이어서 건강을 위해 같이 다니다 보니 이제는 저도 산이 좋아지기 시작했어요. 산에 오르는 길이 많이 힘들긴 해도 정상에 오르면 성취감이 생기고 뿌듯해집니다. 아름다운 풍경과 상쾌한 바람은 하루를 행복하게 살아갈 수 있는 에너지도 줍니다. 저는 다른 사람들 앞에서 말하는 것을 힘들어하는데요. 이 수업을 통해서 발표불안을 꼭 극복하고 싶어요. 그래서 북클럽에도 가입하고, 제가 생각하는 것을 떨지 않고 말로 잘 표현하고 싶어요. 우리 다 함께 발표불안을 극복해 봐요. 파이팅."

발표가 끝나자 안도감이 밀려왔다. 조금 떨긴 했어도 생각보다 잘 해냈다. 많이 부족한 발표였을 텐데도 보배님들과 선생님은 박수와 칭찬을 아끼지 않으셨다. 지금까지 "나는 무조건 못할 거야! 나는 안 돼!"라고만 생각했다. 그래서 시도조차도 하지 않았다. 그런데 '어? 나도 하니까 되는구나!'라고 속으로 쾌재를 외쳤다. 수업에 들어가기 전에는 망설였어도 마치고 난 후에는 성취감이 들어 뿌듯했다.

발표불안 스피치 수업에서 다루는 주제들은 모두 자존감을 올려 주는 것들이다. 그중에서 가장 기억에 남았던 것은 나에게 쓰는 편지였다. 과제로 편지를 쓰면서 눈물이 흘렀다. 발표할 때도 눈물이 나고 목이 메어서 자꾸 읽다가 내용이 끊기곤 했다. 어릴 때 정말 힘들게 살았던, 상처받은 나의 내면 아이를 위로해 줬다. 잘 살아 냈다고 칭찬도 해 줬다. 이제는 날개를 펴고 날아오르라고 용기도 주고 응원해 줬다. 선생님 말씀대로 나에게 편지를 썼고 그것을 나 자신에게 읽어 주고 나니 마음이 편해지고 자존감은 올라갔다.

내용이 길어서 마지막 부분만 소개하겠다.

"태경아, 나는 요즘 네가 점점 더 좋아지고 있어. 너 자신의

성장을 위해 스피치 수업을 받을 용기를 냈잖아. 그건 앞으로
넌 못 할 게 없다는 확신을 너 자신에게 준 거야. 내년, 아니,
몇 년 후에 넌 분명히 지금보다 더 멋진 모습으로 성장해 있을
거야. 내가 너를 꼭 그렇게 만들어 줄게. 다른 사람이 아닌 너
의 가치를 찾아가는 나다운 사람이 되자. 오늘도 내일도 나는
태경이 너를 위해서 앞으로만 나아갈 거야. 너랑 나, 우리 서로
화해하고 잘 지내 보자. 태경아, 사랑해!"

나는 요즘도 가끔 이 편지를 꺼내서 읽어 보곤 한다. 그때보다
성장해 있는 지금의 나에게 잘하고 있다고 말해 준다. 그러면 나의
내면에 있는 아이는 작은 날갯짓을 시작한다.

2주 차부터 4주 차까지 그 망설임의 정도는 줄었지만 나는 여전
히 다음 수업에 계속 들어갈까, 말까, 주저하곤 했다. 발표불안 스
피치는 나에게 많은 에너지가 필요한 수업이었다. 그래도 나는 끝
까지 잘 들었다. 내 잠재의식에는 용기라는 녀석이 움츠리고 있었
던 것이다. 그 녀석은 내가 시동만 걸어 주면 이때다, 하고 날아오
를 준비를 하고 있다는 것을 깨달았다. 그래서 바로 심화반 수업
을 신청했고 발표불안을 꼭 극복하겠다는 의지를 불태웠다.

심화반에서는 발표하는 영상을 촬영해서 제출하는 과제가 있다.
선생님께서 주제를 하나 주신다. 그 주제로 어떤 내용을 말할 것인
지 생각하고 글로 쓴다. 그리고 나서 자연스럽게 말이 나올 때까지
연습한다. 마지막으로 동영상 촬영을 한다. 한 번에 되지 않는다.

조금만 실수해도 다시 시작! 또다시 시작! 이러다 보니 몇 시간이 훌쩍 지나간다. 많은 연습을 하고 동영상 한 편을 완성한다. 선생님께 전송한 후의 후련함은 이루 말할 수가 없다. '이 성취감 때문에 사람들은 힘들어도 끝까지 해내는구나!'라는 생각이 들었다. 동영상을 제출하면 피드백을 해 주신다.

"태경 보배님의 발표를 보면서 제가 막 흥분되고 설렜어요. 패러글라이딩 하시는 모습이 떠올라서 마치 저도 하늘에 떠 있는 느낌이었어요. 그리고 제스처까지 함께 해 주셔서 더 생동감이 있었던 것 같아요. 피드백을 드리자면, 클로징을 조금 수정해 보세요. '보배님들도 도전하고 싶은데 두렵고 무서워서 시도하지 못한 것이 있나요? 그렇다면 안전지대 밖으로 나오셔서 꼭 도전해 보셨으면 좋겠습니다. 지금까지 제가 잊지 못할 패러글라이딩을 탔던 추억에 대해서 말씀드렸습니다. 감사합니다.' 이렇게 마무리하시면 클로징이 좀 더 탄탄할 것 같아요."

나는 피드백 받은 대로 또 연습을 한다. 그 과정은 길었고 몇 시간 서 있다 보면 다리도 후들거렸다. 그래도 깨닫는 과정이 너무 좋았다. 표정과 말투, 제스처가 점점 더 자연스러워지는 것을 영상을 보며 확인할 수 있었다. 동영상을 촬영하며 연습했던 것을 수업 시간에 발표한다. 긴장과 떨림은 많이 줄었다. 자신감도 생긴다. 발표는 성공적이다. 나는 이렇게 작은 성공을 이루었다.

예전에 유창하게 말을 잘하는 사람을 보면 선천적으로 말 잘하는 재능을 가지고 태어났다고 생각했다. 이제 말을 잘하는 것은 노력의 결과라는 것을 안다. 말해야 할 주제를 생각하고, 키워드를 떠올리면서 익숙해질 때까지 많은 연습을 해야 한다는 것을. 자연스러워졌다면 내 표정과 목소리에 자신감은 장착된다.

나만의 발표불안 극복 3종 세트
(박지연)

승무원 양성 학원, 기업 모의 면접 스터디, 스피치 강의 등을 들으며, 발표를 잘하기 위한 공통된 점을 찾았다. 반복 연습, 모의 훈련, 유산소 운동을 하는 것이다.

첫 번째, 예상 질문에 대비하여 연습과 반복을 이어 간다. 답변이 적힌 종이가 눈을 감아도 보일 만큼 외우고 또 외운다. 나의 경우는 국내, 국외 항공사 입사 준비를 함께하다 보니, 다른 학생들에 비해 외워야 하는 양이 두 배가 되었다. 질문과 관련된 단어 하나만 나와도 대답할 수 있을 정도로 연습했고, 자연스럽게 보이기 위한 손짓과 표정도 더했다. 이동 중에도 허공을 향해 중얼거리며 연습량을 겹겹이 쌓아갔다. 외운 답변이 차곡차곡 쌓일수록 노트를 펼칠 일도 줄었다. 뛰어난 암기력을 가진 것도, 머리가 좋은 것도, 말을 잘하는 것도 아니란 걸 알기에 더욱 연습에만 매달린 건지도 모른다.

대학교 4학년 2학기. 기말고사 기간이 끝나자마자 싱가포르 공항에 인턴 지상직으로 취업했다. 네다섯 군데의 항공사 업무를 담당했다. 담당 항공사 체크인을 마치면, 게이트로 이동해 탑승 안내 방송을 포함한 업무를 했다. 방송은 아나운서만큼은 아니더라도, 정확한 발음과 또렷한 목소리로 해야 했다. 재능이 없으니 연습에 승부를 걸 수밖에 없었다. 재킷 속 주머니에, 방송 안내 문구가 적힌 쪽지를 두 번 접어 넣고, 읽고 또 읽었다. 인턴 과정을 마칠 즈음에는, 더는 쪽지를 꺼낼 필요가 없었다.

　KTX 승무원으로 입사했을 때도, 선배들의 지도하에 상황에 맞는 방송을 연습했다. 내 목소리가 천여 명 가까이 되는 승객에게 전해진다니 조심하지 않을 수 없었다. 비상 상황 발생 시, 짧은 시간 내에 정확한 상황을 전해야 했다. 목소리에서 긴장감이 전달되지 않도록 해야 함은 당연했다. 승무 전마다 방송 테스트를 받았다. 업무이자 의무라 여기니, 스트레스가 되지 않았다. 7년 가까이 AI처럼 외워서 그런 건지, 퇴사한 지 십여 년이 지난 지금까지도 기억 속에 남아 있는 방송 문구가 있을 정도다.

　두 번째, 실전처럼 연습한다. 승무원을 준비하며, 또래 친구들이나 선후배들과 일주일에 한두 번씩 스터디를 했다. 고정된 멤버들 외에 다른 팀들과 조인도 하며, 긴장감이 풀어지지 않도록 했다. 실전처럼 쪽머리를 하고, 흰 블라우스와 무릎 위로 살짝 올라오는 검은색 치마를 입는다. 면접이라 생각하며 5cm 굽 높이의 구두를 신고 최대한 자연스러운 걸음으로 입장한다. 입꼬리는 귀 끝까지 끌어올리며 미소를 짓고, 공수 자세를 취한다. 45도 아래의 바닥을 바라보며 반듯하게 편 허리를 숙인 후, 3초 동안 머무른다. 미소를 유치한 채 허리를 펴고 면접관을 차례로 바라보며 적당히 시선을 분산시킨다. 5인 1조가 될지, 8인 1조가 될지, 앉아서 보게 될지, 서서 보게 될지 모르는 예측 불허한 모든 가능성에 대비하며 연습했다. 충분히 할 만큼 했다고 다그쳐도, 실전에서 마주하는 떨림은 어쩌지 못했다. 불안정해지는 시선은 목 떨림을 타고 내려와 포개어진 두 손을 긴장으로 젖게 하며 심장 박동을 불규칙하게 만들었다. '탈락'이라는 두 글자 뒤에는 늘 아쉬움이 남지만, 연습 덕분에 이 정도로 그칠 수 있지 않았을까 위안으로 삼기도 했다.

2019년부터 오프라인에서 하브루타와 슬로리딩 수업을 해 오다가, 팬데믹 시대를 만났다. 잠정 연기한 수업을 작년부터 온라인에서 재개했다. 2년의 공백이 무색할 만큼 노련하게 보이고 싶었다. 충분한 연습과 반복은 당연하고, 실전처럼 해 볼 수 있는 환경이 필요했다. 공식적인 수업 전, 우리 아이들을 포함해 같이 공부하는 선생님들의 자녀들을 모아 모의 수업을 진행한다. 수업료를 받지는 않아도 실전처럼 자료를 공유하고 활동지를 작성한다. 모의 강의 후에, 아이들에게 피드백을 받아 수정 보완한다. 사전 강의 덕분에, 실전에서는 한결 여유롭게 진행할 수 있다.

마지막으로는, 운동이다. 풍선을 한 번만에 불지 못할 만큼 낮은 폐활량도, 발표불안을 일으키는 원인 중 하나였다. 타이밍을 놓치기라도 한 듯 가팔라지는 호흡은, 불안에 속도를 더했다. 폐활량도 영향이 있다는 것을 짐작은 했지만 중요도는 알지 못했다. 스피치 수업을 통해 개선할 수 있다는 걸 알게 되었다. 개인적으로 음성이 좋은 사람에게 눈길이 두 번 간다. 내가 좋아하는 특유의 음성은 얕으면서도 묵직한 울림이 있는 중저음이다. 물어보면, 그들 중 다수가 유산소 운동을 꾸준히 한다고 했다. 특히, 요가 선생님들의 음성이 그랬다. 여러 학원에 다니며 깨달은 것 중, 선생님들은 수련과 설명을 동시에 하면서도 목소리 톤과 속도를 일정하게 유지했다. 그들의 목소리가 탐났다. 비슷하게라도 흉내 내고 싶었다. 폐활량도 늘리고 건강도 유지할 수 있는 유산소 운동을 찾아보다가 수영을 시작했다. 2022년 12월. 첫 달만 해도 25m까지 자유형으로 가는 데 두세 번을 쉬었다. 다섯 달이 지난 지금도, 여전히 숨이 턱에 차오를 듯한 고비를 맞닥뜨리긴 하지만 왕복으로 오갈 수 있을 만큼 나아지고 있다. 꾸준한 운동으로 나아진 폐활량이 목소리의 떨림, 긴장, 호흡의 불안정성을 덜어 주지 않을까 기대도 해 본다.

지나칠 정도의 많은 연습, 실전의 가면을 쓴 모의 훈련, 꾸준한 유산소 운동이 나만의 발표불안 극복 처방전이다. 단기간 스파르타식 훈련을 통해서도 가능하겠지만, 일상에서부터 잔잔하게 스며들었으면 한다. 세 가지 훈련을 통해 언제 어디서 마주칠지 모르는 기회에 당당하게 마주하려 한다.

남들은 나에게 관심이 없다
(이민정)

과거에는 남들 앞에서 말하기를 두려워하였다. 말 한마디 하기 조차 힘들었다. 완벽하게 극복을 했다고 말하기에는 부족한 면이 있다. 그러나 과거의 모습과 스피치를 배우고 난 지금의 모습은 매우 다르다. 스피치를 배우면서 변화된 나의 경험을 글로 나눔으로써 나처럼 발표불안이 심한 분들에게 조금이나마 도움이 되었으면 하는 생각이다.

나의 발표불안 극복 노하우 가운데 첫 번째는 발표하기 전에 동영상으로 연습을 많이 하는 것이다.

스피치 수업 전에 숙제로 동영상을 촬영한 적이 있었다. 촬영하기 위해 먼저 주제에 대해 생각하고 발표할 것에 대한 대본을 준비했다. 발표할 주제에 대해서 온종일 어떻게 말할까 생각했다. 설거지하다가도, 길을 걷다가도, 계속 생각하고 말하고 그다음 발표할 대본을 썼다.

대본을 여러 번 읽었다. 카메라를 설치 후 동영상을 켰다. 심호흡하고 녹화 버튼을 눌렀다. 카메라 앞에 서서 인사를 하고 자기소개를 먼저 했다.

"안녕하세요."

NG 인사만 몇 번을 했는지 모른다. 버튼을 누르는 순간 긴장이 되면서 그동안 연습했던 말이 생각나지 않았다. 말을 버벅거리기도 했다. 혼자만 있는데도 왜 이렇게 긴장이 되는지 한숨이 나왔다. 녹화된 나의 모습을 재생해 보았다. 정말 못 봐 주겠다. 잔뜩 긴장한 나는 말하면서도 눈을 매우 많이 깜빡였다. 손은 어떠한가? 손은 가만 있지 못하고 손가락을 쥐어짜고 있었다. 나중에 보니 손등에 손톱자국이 여러 군데 남아 있었다. 또 말을 하다가 갑자기 생각이 안 나서 한참을 멍하니 있기도 했다. 이런 나의 모습을 모니터하면서 주의할 점을 체크하고, 다시 또 연습하고 녹화하기를 반복하였다. 열 번쯤 반복하여 찍다 보니 조금씩 익숙해져 갔다. 시선 처리와 제스처도 차차 교정되었다.

대본을 읽는 수준에서 벗어나 나의 말을 하듯 자연스러워졌다. 수업 당일 발표하는 순서가 되었다. 아무도 없는 카메라 앞에서도 긴장되었는데 웬일인지 실제 발표 때에는 긴장이 덜 되었다. 긴장이라기보다 약간의 설레는 마음이 들었다. 그동안 연습하고 준비했던 나의 이야기를 동료들에게 들려주고 싶다는 생각이 들기도 했다.

미리 많은 연습을 할 수 있었고, 또 발표하는 나의 모습을 직접 촬영하고 확인하면서 나의 잘못된 부분을 스스로 인지하고 고치는 과정들이 있었기에 실전에서도 도움이 되었던 것 같다.

연습하고 노력하다 보면 제자리걸음이 아닌 한 발 한 발 앞으로 나아가고 있는 나를 발견할 수 있을 것이다.

발표불안 극복 노하우 두 번째는 '사람들은 나에게 관심이 없다.'라는 마인드를 가지는 것이다.

나는 과거에 부끄러움이 많았다. 남들 앞에서 말하는 것이 힘들었던 이유 중 하나는 바로 '남들의 시선' 때문이었다. 내가 말할 때 어떻게 생각할까? 발표를 잘하는 좋은 모습만 보이고 싶은데 틀리면 어떻게 하지? 이렇게 남들의 시선을 의식해서 더욱 힘들었던 것 같다. 그러나 내가 생각하는 것처럼 남들은 나에게 관심이 없다.

스피치 교육 심화 과정이 마무리될 때쯤 남편에게 편지를 쓰는 숙제가 있었다. 아마 마지막 숙제였던 것 같다. 스피치 교육을 받으면서 나의 발표불안이 점점 좋아지고 있고, 멘탈 또한 단단하게 변해 가고 있음을 느낄 때쯤이다.

나는 과제를 듣는 순간 웃을 수가 없었다. 그때 나는 남편과 냉전 중이었다. 그런데 갑자기 남편한테 편지를 써야 한다니? 머릿속은 복잡해졌다. 갑자기 편지를 쓰며 친한 척할 수도 없고. 너무나 힘든 숙제였다. 다음 수업 때까지 하루하루가 고민이었다.

그러던 중 며칠 지나지 않아, 퇴근길인 남편에게서 전화가 왔다. "술 한잔할까?" 남편이 왔고 서로 술을 한잔씩 따라 마셨지만 무슨 말을 해야 할지 생각이 안 났다. 남편도 말을 하지 않았다. 그냥 그렇게 흐지부지 별말 없이 술만 먹고 끝났다. 그래도 남편이 먼저 그렇게 손을 내밀어 준 덕에 내 마음은 조금이나마 누그러졌다. 그래서 남편에게 편지 쓸 마음을 먹을 수 있었다. 싸우면서 서운한 이야기, 미안했던 일, 고마운 일, 또 연애 때 생각나는 이야기들, 아이들 키우면서 벌어졌던 이야기 등을 써 내려 갔다. 마지막에는 나이가 들어서 산책을 할 때 서로 손잡고 다니고 싶다는 이야기를 썼던 기억이 난다.

수업 날이 되었다. 남편에게 쓴 편지를 발표하려니 냉전 중에 있었다는 것을 알려야 하는데 막상 편지를 어떻게 읽어야 할지 고민이 되었다. 사람들 앞에서 읽을 자신이 없었고 주저하는 마음이 들었다. 그러다 사람들은 나에게 관심이 없다는 생각을 했다. 이 생각을 하니 내 편지 내용이 아무렇지 않게 느껴졌다. 발표할 용기도 생겨났다.

현재 우리의 삶은 매우 바쁘게 움직인다. 보고 듣고 읽은 정보들을 다 기억하지도 못한다. 핸드폰을 여는 순간 많은 영상이 빠르게 지나가고 잊힌다. 유명 연예인의 이슈도 사흘만 지나면 기억에서 흐려지려고 한다. 그러니 나에 관한 관심은 어떨까? 발표하는 그 순간 잠깐이다. 잘해도 못해도 별 관심이 없을 것이다. 잘하는 남과 비교를 하다 보면 나는 점점 작아진다. 앞으로 타인을 의식하는 일 없이 내 모습을 그대로 사랑해 보려 한다. 다른 사람이 어떻게 생각하든 배짱 있게 자신감 있는 모습으로 행복한 삶을 살아갈 것이다.

긍정 확언 자기 암시문
(이석경)

발표불안을 극복하기 위한 나만의 노하우는 첫째, 복식 호흡법이다. 숨을 쉬는 행위는 의식하지 않아도 이루어지는 매우 자연스러운 신체 활동이다. 숨을 들이마시며 산소를 섭취하고 내쉴 때 이산화탄소를 배출하는 호흡은 몸이 생활에 필요한 에너지를 만드는 작용이다. 산소를 얻으려는 목적보다는 체내 이산화 탄소를 제거하기 위함이다. 속상하고 일이 안 풀릴 땐 한숨을 많이 쉬었지만, 이젠 한숨보다는 복식 호흡을 하며 심신의 안정을 찾기로 한다. 처음에 숨을 들이마실 때는 배를 내밀면서 코로 천천히 들이마셨다가 잠시 숨을 참고 3~5초 정도 정지한다. 숨을 내쉴 때도 역시 천천히 배를 집어넣으면서 숨을 치아 사이로 조금씩 끊어서 내쉰다.

두 번째는 강은영 강사님이 가르쳐 주신 '긍정 확언 자기 암시문'이다. 나는 매일 아침 긍정 확언을 한다.

"석경아, 넌 정말 멋있어! 넌 멋져! 넌 멋있는 사람이야! 넌 최고야! 넌 이 세상에 하나밖에 없고, 한 번밖에 살지 못하고, 이 세상을 다 준다고 해도 바꿀 수 없는 소중한 사람이야. 너는 아무렇게

나 살 수 없어. 넌 없어서는 안 될 소중하고 특별한 사람이야. 석경아! 넌 할 수 있어! 너는 무엇이든지 할 수 있는 능력이 있어. 너에겐 무한한 능력이 있어. 지금까지 그 능력을 몰랐기 때문에 못 한거야. 두고 봐라. 나는 어떤 고난과 역경이 닥쳐도 이겨 내고 말 테니까. 과거의 실패는 실수로 돌리자. 다 지나갔다. 앞으로 잘하면 된다. 후회는 결코 앞으로 나아갈 수 있는 힘을 주지 않는다. 나는 앞으로 부정적인 말을 하지 않고, 긍정적이고 적극적인 말만 한다. 나는 열정이 있고, 배짱이 있고, 신념이 있다. 나에게는 용기가 있다. 나는 이제부터 수백 명, 수천 명 앞에서 자신 있게 말할 수 있다. 어떤 장소 어떤 사람들 앞에서도 자신 있고, 당당하게, 내가 하고자 하는 말을 하고야 말겠다. 떨릴 테면 떨리고, 불안할 테면 불안해 봐라.

나는 오늘부터 나의 얼굴에 철판을 깔았다. 나는 두려움을 이겨 낼 힘을 가지고 있다. 나는 무엇이든 할 수 있다. 나는 어떤 일이든 이룰 수 있다. 반드시 좋은 결과가 있을 것이다. 나를 믿고 내 선택을 믿자. 나는 모든 면에서 점점 좋아지고 있다. 나는 매일 긍정적으로 변화하고 있다. 오늘도 좋은 하루! 신나는 하루! 최선을 다하는 하루가 될 것이다. 석경아! 사랑한다. 넌 정말 특별하고 소중한 사람이야."

매일 아침, 긍정 확언 자기 암시문을 읽으면서 녹음한다. 이렇게 아침을 맞이하니 자신감도 생기고 활력도 생겼다.

국민건강공단에서 23개 시설만 시범 사업으로 전문 요양실을 운영한다. 23개 시설 중에 내가 다니는 제일 너싱홈도 포함된다. 요양원 내에서 전국 23개 시설만이 간호사가 밤에도 근무한다. 이 시설에서는 콧줄, 소변줄, 기관지 절개관, 욕창 등을 지닌 1등급 어르신들을, 병원이 아닌 요양원에서도 모실 수 있다. 또한 이와 관련한 기구 관리 및 교체도 가능하다.

나는 간호사 보수 교육도 1년에 한 번씩 받는다. 보수 교육 며칠 전에 전문 요양실 공단에서 전화가 왔다. 23개 시설 가운데 두 군데 시설에서 너싱홈을 소개하고, 전문 요양실 내 어르신들의 상태 호전이나 욕창 호전 등의 사례가 있는 경우 강의를 해 달라는 요청이었다.

강의는 보수 교육을 받고 시험을 치른 다음, 시험이 끝나고 30분 정도 실시한다. 할 수 있겠다는 용기와 자신감이 생기자마자 이런 기회가 생기다니. 난 얼른 하겠다고 했다. 먼저 PPT 자료부터 만들었다. 사실적인 내용을 바탕으로 욕창이 있었던 어르신들이 호전되는 과정을 순차적으로 만들어 보았다. 만드는 과정에서 자연스럽게 발표 내용을 외우게 되었다. 시간을 30분 내로 정하니 그 시간을 맞추게 되었고, 질의응답까지 받았다. 보수 교육 참석자와 교육 담당자께서 잘했다고 나를 칭찬해 주셨다. 자신감이 생겼다.

요양원에서는 어르신에게 프로그램을 제공해 드린다. 나는 사회복지사가 아니고 간호사지만, 전체적인 관리를 위해서 프로그램을 진행할 때도 있다. 어버이날이나 크리스마스 행사를 할 때 외부에서 행사를 해 주기도 하지만, 자체적으로 행사를 주관할 때도 있다.

우리 시설에서는 '어르신 노래자랑'도 한다. 이번 행사에는 내가 사회를 보았다. 원장님 소개를 하고 어르신들에게 노래도 하게 했다. 중간중간 분위기를 바꾸기 위해 직원들에게 노래를 부르게 했다. 그리고 행운권 추첨도 했다. 혼자 하는 것이 아니라 함께해서 호응도 좋았다. 직원들이 사회도 잘 본다며 나에게 칭찬을 해 주었다. 자존감이 올라갔다.

크리스마스 행사 때도 진행을 맡았다. 크리스마스 행사 때 어르신과 직원에게 빨간 머리띠와 빨간 모자를 씌워 드렸다. 사무국장님을 산타 할아버지로 만들어 주었다. 어르신들에게도 산타 옷을 입혀 드리고 솜으로 수염도 만들어 주었다. 그럴듯한 산타 할아버지가 되었다. 크리스마스 파티 분위기도 났다. 행운권 추첨도 하고 순서대로 번호를 호명했다. 노래 순번도 정해서 진행했다. 다 같이 참여할 수 있도록 합창을 하니 모두가 하나가 된 것 같았다.

사람들이 나에게 "최고!"라고 하며 엄지를 올려 주었다. 사회를 잘 본다고 칭찬해 주었다. 나도 나에게 '셀프 칭찬'을 해 주었다.

"석경아! 참 잘했어. 나는 네가 잘할 거라고 믿었어. 최고야, 최고!"

발표불안으로 힘들어했던 내가 이렇게 멋지게 행사를 진행하다니. 믿기지 않았다. 이 모든 것이 긍정 확언 자기 암시문과 셀프 칭찬 덕분이다.

긍정의 씨앗 뿌리 내리기
(최향미)

발표불안을 극복하기 위해서는 무의식 속에 있는 발표에 대한 부정적인 생각을 긍정적으로 바꾸는 것이 중요하다. 무의식은 자신의 운명을 다르게 만들 수 있다. 무의식의 뿌리를 바꾸려면 좋은 경험을 많이 해 봐야 한다. 발표 후 '나는 즐겁다. 뿌듯하다. 행복하다. 만족스럽다.' 이렇게 좋은 감정을 많이 느껴야 한다.

좋은 경험 없이 머릿속으로만 '난 할 수 있어. 잘할 수 있어!'라고 말해 보았지만, 발표불안이 없어지지는 않았다.

발표를 잘하기 위해선 첫째, 믿을 수 있는 사람들을 찾아야 한다.

발표는 혼자 연습하더라도 결국은 사람들 앞에서 말해야 하는 게임이다. 나를 평가하지 않고, 내가 잘 못해도 사랑으로 이해하고 감싸 줄 수 있는 사람들 앞에서 연습해야 한다.

나는 과거에는 부끄러워서 사람들 앞에서 발표 연습을 해 본 적이 없다. 외면했다. 지금은 멘탈 파워스피치 수업에서도 많이 연습하고, 독서 모임에서 발표할 시간이 주어지면 그 시간을 활용해 연습한다. 일부러 강사님께도 질문을 하나씩 한다. 명상반 사람들 앞에서도 발표 연습을 했다. 평소에 발표불안이 심하다고 이야기를 해 둬서 내가 실수를 하더라도 너그럽게 이해해 줄 사람들이다.

자전거를 잘 타기 위해선 많이 연습하고 넘어져야 한다. 만약 돌멩이가 많은 거친 시멘트 바닥에서 넘어진다면 피가 나고 상처도 난다. 반면 놀이터에 있는 우레탄 바닥과 같은 안전한 곳에서는 넘어져도 크게 다치지 않고 아프지 않다.

사랑으로 격려해 줄 수 있는 사람들이 우리에게는 바로 그 푹신한 우레탄이다. 사랑의 시선으로 바라봐 주는 푹신한 안전장치 같은 사람들 앞에서 발표 연습을 해야 발표가 좋은 경험으로 기록되고 기억된다.

《회복 탄력성》이라는 책에서 아이들은 열악한 환경 속에서도 언제나 무조건적으로 이해하고 받아 줄 수 있는 한 사람의 존재로 인생이 바뀔 수 있었다. 믿어 주는 사람이 한 명이라도 있다면 당신은 해낼 수 있다. 만약 그런 사람이 주변에 없다면 멘탈 파워스피치 수업을 듣는 것도 좋다.

둘째, '셀프 칭찬'을 해야 한다.

멘탈 파워스피치 수업에서 사람들이 나를 칭찬하였다. 우리는 못하더라도 단점은 보지 않고 장점만 찾아 칭찬하기로 하였다. 한 사람의 발표가 끝나고 나면 함께 듣는 동기들이 서로 돌아가며 칭찬을 한다. 발표에 대한 칭찬은 살면서 한 번도 들어 본 적이 없었다. 여러 번 칭찬을 듣다 보니 '내가 발표를 잘하나 보네.'라고, 무의식적으로 생각이 조금씩 바뀌기 시작했다.

다른 사람의 장점만 보는 습관은 삶에서도 좋은 습관이 되었다. 이 방법으로 나는 남들의 장점을 더욱더 많이 보게 되었다. 사람들의 어떤 면을 보느냐에 따라 그 사람의 행동을 배우면서 우리 인생도 달라진다.

남에게 칭찬만 계속 받게 되면 남을 의지하게 될 수도 있다. 이때 셀프 칭찬을 많이 해 주는 것도 중요하다. 나는 스스로 칭찬을 자주 했다. '오늘 발표 너무 잘했어. 정말 잘했고, 점점 좋아지고 있어. 난 최고야.'라고 말해 줬다. 못하면 '다음번에 잘하면 되지!'라고 스스로 격려하였다. 아이에게 말하는 것처럼 나 자신에게 말했다. 그 효과는 좋았다. 어떤 일을 하고 난 후에 기분이 좋으면 그 행동을 계속해서 반복할 가능성이 커진다고 한다.

스스로 칭찬을 해 보자. 나도 셀프 칭찬 덕분에 발표에 대한 마음도 변화되었고 자존감도 올라갔다. 아침에 1분만 시간을 내어서 거울을 보고 자신을 칭찬해 보자. 몇 번씩 칭찬하다 보면 자신감이 생긴다. 매일 자신에게 건네는 좋은 칭찬은 자신감의 자양분이 될 것이다.

셋째, 자신의 모습을 동영상으로 촬영해야 한다.

자신의 모습을 객관화해서 보는 것도 중요하다. 멘탈 파워스피치 수업 때 강은영 강사님이 한주에 한 개씩 다양한 주제로 과제를 내주셨다. 3분 스피치 숙제는 동영상으로 제출했다. 과제를 하기 위해 떨리지만, 동영상을 찍어야 했다. 그때 처음 내가 발표하는 모습을 마주했다. 긴장하고 떠는 모습이었다.

'이런 말을 할 때 떨리는구나! 표정이 안 좋구나! 자세가 안 좋구나!'

동영상을 보면서 내 모습을 알아차릴 수 있었고, 하나씩 자신에게 피드백하면서 고칠 수도 있었다. 점점 웃으며 자연스럽게 연습을 하기 시작했다. 내 모습을 동영상을 통해 확인하면서 자신감이 생기자, '내가 생각했던 것보다 잘하네!'라는 생각이 들었다.

연습을 여러 번 하면서 발표할 내용을 외웠고, 나의 모습도 이젠 내가 잘 알기 때문에 발표할 때 떨지 않는다. 첫 동영상 때와 달리 점점 발전하는 내 모습을 보면서 자신감도 얻었다.

자신의 모습을 동영상으로 촬영하라.

처음 발표할 때는 '이 내용을 사람들이 좋아할까?', '남들이 나를 어떻게 볼까?' 두려웠다. 같은 이야기를 해도 사람마다, 상황에 따라 다르게 받아들일 수 있다는 사실을 알게 되었고 '세상에 완벽한 강의는 없다.'라는 것을 깨달았다. 나는 전하고 싶은 메시지에 집중했다. 그렇게 내 메시지에만 최대한 집중하니 재미있게 강의를 할 수 있었다.

발표불안은 많은 사람이 겪는 문제 가운데 하나다. 그것을 없앨 수는 없지만, 긴장감은 노력으로 낮출 수 있다. 성공하고 뛰어난 사람 중에서도 발표불안을 경험한다고 한다. 자연스러운 반응이며 부끄러워할 것이 없다. 연습을 거듭할수록 더 편안해지고 자신감도 생길 것이다. 그런 과정에서 부정적 경험이 긍정적 경험으로 바뀌었고, 나는 '발표가 너무 싫다.'에서 '발표가 조금씩 좋다. 괜찮다.'로 변하였다.

발표불안을 극복하는 가장 중요한 방법은 발표에 대한 부정적인 생각을 긍정적인 생각으로 바꾸는 것이다. 우리는 노력과 연습을 통해 불안을 극복하고 자신감 있고 성공적인 발표도 할 수 있다.

4장

여전히 말하기가 힘들다면

내려놓으면 보이는 것들
[강은영]

"선생님, 저는 자존감도 낮지 않고 상처도 없는데 발표불안이 있어요."라고 하시는 분이 있었다. 실제로 상담을 하면서 내면적인 문제가 크게 있어 보이진 않았다. 계속 대화를 하다 보니 왜 발표불안이 생겼는지 알게 되었다. 모든 문제에는 원인이 있다. 이분은 간호와 관련된 일을 하고 있었다. 경력이 많다 보니 외부에서 강의 요청이 많이 들어온다고 했다. 강의 요청이 올 때마다 자신감이 없어서 거절을 했는데, 그때마다 자괴감이 들었다고 한다.

발표 경험이 부족하면 자신감이 떨어지고 불안해진다. 불안한 감정이 생기면 자신을 향한 의심이 생긴다. 나도 첫 출간 강연회를 하기 전에 사람들 앞에서 말하는 것이 두렵고 무서웠다. 태어나서 80명이 넘는 사람들 앞에서 말을 해 본 적이 없었다. 할 수 있을 거라는 확신보다 '못하면 어떡하지?', '실수하면 어떡하지?'라는 생각 때문에 밤잠을 설친 적이 많았다. 발표는 나에게 닥친 '문제'라고 생각했다. 발표불안을 문제로 바라보면 두려움이 커진다는 것을 그땐 알지 못했다.

어떻게 하면 문제를 두려움이 아닌 즐거움으로 바꿀 수 있을까. 방법은 문제를 도전으로 받아들이고 행동하는 것이다. 나는 두려움이 느껴질 때마다 '두려워도 행동하겠다! 불편해도 행동하겠다!'라고 크게 외쳤다. '할 수 있다'라고 외칠 때마다 '그래, 해 보자!'라는 행동으로 이어졌다. 내가 단언했던 말들이 의지가 되고 확신이 되었다. 발표하는 것이 여전히 힘들다면 피하지 말고 정면으로 부딪쳐 보자. 두려움은 부딪쳐야 한다. 부딪치지 않으면 두려움은 더 증폭된다.

반대로 발표 경험이 많아도 긴장되고 떨리는 사람들이 있다. 작년 10월, 나는 강의 영역을 넓히기 위해 기업 강의를 배우기 시작했다. 친한 강사님의 추천으로 국민강사교육협회를 알게 되었다. 이곳은 다른 곳과 달랐다. 지금까지 자격 과정을 듣고 나서 재교육을 해 주거나 시강 후 피드백을 주는 곳은 없었다. 이곳은 기업 강사로 설 때까지 끝까지 교육을 해 주는 곳이다. 그러다 보니 이미 다른 영역에서 활동하는 강사들이 많았다. 강의 경력이 많은 강사들과 서로 보고 배우면서 성장하는 것이 좋았다.

1월에 법정의무교육 자격과정이 있었다. 교육을 받고 자격증을 따면 바로 시강 준비를 해야 한다. 대표님 앞에서 발표를 해야 되기 때문에 긴장되고 떨리는 자리다. 발표 경험이 많은 나도 평가받는 자리는 부담스럽다. 경험이 많은 다른 강사들도 긴장했는지 목소리에 떨림이 느껴졌다. 평가받는 자리에서는 모두 잘하고 싶어진다. 만약 앞사람이 시강을 잘해서 칭찬을 받으면 '저 사람보다 못하면 어떡하지?'라는 생각이 올라온다. 발표 경험이 많아도 이렇게 평가받는 자리에 서거나 앞사람보다 잘해야 한다는 마음이 생기면 발표불안이 생길 수 있다.

나는 이런 상황이 되면 발표하기 전에 꼭 하는 행동 습관이 있다. 먼저 명상 음악을 들으면서 복식 호흡을 한다. 호흡을 하면서 나에게 용기를 주는 말을 반복해서 말한다.

"잘하려고 하지 말자."

"편안하게 하자."

"연습한 대로만 하자."

"이 사람들은 나를 사랑해 주고 응원해 주는 사람들이야."

"모두 내 이야기에 빠져들 거야."

이렇게 긍정적인 자기 대화를 하고 나면 용기가 생긴다.

또 한 가지 습관은 손뼉을 치면서 큰 소리로 웃는 것이다. 긴장이 되면 일부러 더 크게 웃는다. 웃음은 만병통치약이라는 말이 있듯이 웃음은 건강뿐 아니라 불안한 마음을 안정시키는 효과가 있다. 우리가 웃으면 불안, 스트레스를 줄여 주는 엔도르핀 호르몬이 나온다. 불안하고 두려움이 느껴질 때 입을 크게 벌리고 큰 소리로 '하하하' 웃으면 부정적인 생각이 사라지고 무의식적으로 스스로에게 활력을 불어넣을 수 있다. 웃는 것이 힘들다면 입꼬리라도 쭉 올려 보자. 우리 뇌는 입꼬리만 올려도 웃는 것으로 간주해서 엔도르핀 호르몬을 나오게 한다. 발표불안이 생기는 원인은 사람마다 다양하다. 자신이 어떤 원인 때문에 발표불안이 생기는지 알기만 해도 쉽게 해결할 수 있다.

그동안 나는 사람들의 평가에 상당히 민감했다. 실수 없이 완벽하게 잘하고 싶었다. 잘하고 싶은 마음 때문에 발표불안이 생겼다는 것을 알고 나서 욕심을 내려놓기 시작했다. 내려놓는다는 건 포기한다는 것이 아니다. 기대를 낮추고 실수한 것을 크게 확대해서 보지 않는 것이다. 이제 발표하다가 실수를 해도 나에게 칭찬을 해 준다.

"발표하다가 조금 실수했지만 목소리는 크고 자신 있게 말했어."

이렇게 실수한 것보다 내가 잘한 것을 칭찬하면서 발표에 대한 두려움을 극복해 나갔다. 내려놓으니 그동안 보지 못했던 나의 참모습을 발견할 수 있었다. 이제는 나에게 말해 주고 싶다. 잘하지 않아도 충분히 사랑스럽다고 말이다.

배움은 우연을 타고
(강이청)

자존감이 아주 낮았던 나에게 여러 사건들이 불어닥치면서 심리 상담에 관심이 생겼다.

나를 더 알아내서 안아 주고 싶었다. 장애가 있는 아이들이 가진 심리를 알고 싶었다. 왜 그런지 이유라도 알아야 맞춰 줄 수 있을 것 같았다. 상처받는 걸 두려워했고 겁도 많았다. 칭찬과 인정에는 약했고 상대방이 싫어할 만한 얘기는 하지 못했다. 남의 시선을 신경 쓰고 눈치 보며 상대방 비위 맞추기에 바빴던 나는, 바로 내가 심리학적인 용어로 '착한 아이 증후군'이었다는 것을 나중에야 알았다. 착한 아이 증후군에 걸린 사람에게 장애가 있는 아이들이라……. 내 속이 어땠을까?

막내가 태어나고 통잠을 자기 시작할 무렵, 가만히 있는 게 무의미해서 보육 교사 자격증 공부를 시작했다. 망부석처럼 컴퓨터 앞에 앉아 모니터를 보고 있자니 좀이 쑤셨다. B사 아이스크림 케이스 포장에 묶여 있던 리본을 보고 리본핀을 만들어 SNS에 올렸다. 아직도 잊을 수가 없다.

쏟아지는 댓글과 메시지에, 생각지도 못한 주문까지 들어왔다. 자격증을 따 보기로 했다. 아이들 케어와 센터를 병행하느라 8개월에 걸려 자격증을 받고, 리본 버킷리스트를 써 내려 갔다. 그렇게 10년 넘게 손에 붙들고 있다 보니 리본이 주업이 됐다. 요즘은 엉성하게 마감된 싼값 리본에 치이지만 소수의 고객이라도 항상 찾아 주시는 고객분들께 늘 감사하다. 맑고 밝은 미소를 한 딸아이들 한쪽 머리칼에 내가 만든 리본핀이 꽂혀 있는 정성스러운 후기를 보면 딸 없이 아들 셋 엄마인 내 입에도 미소가 지어진다.

의도치 않게 발견하게 된 재능으로 소박하게 판매를 시작했다. 우연은 갑자기 찾아온다. 이걸 알아차리고 뭐든 시도해 봐야 정말 뭐가 나온다. 장애아를 키우며 무기력하게 지내던 소심한 아줌마가 업체 대표가 됐다.

소름 돋는 일들이 있다. 나도 몰랐던 어마어마한 발견이다. 내가 잘하는 게 한두 가지가 아니었다. 심지어 하고 싶은 건 더 많았다. 세상은 넓고, 배울 것은 아주 많았다. 내가 마음대로 가질 수 없는 건 시간이었다. 늘릴 수 있다면 시간을 늘리고 싶다. 그동안의 시간들이 너무 아깝게 느껴졌다.

'안 쓰는 시간 삽니다.'

줄리아 캐머런의 《아티스트 웨이》라는 책을 읽으면서 습관을 형성했다. 창조성을 이끌어 내야 했지만 쉽지 않았다. 나에 대한 연구가 필요했다. 내가 잘하는 것과 못하는 것, 내가 좋아하는 것과 싫어하는 것, 나에게 있는 좋지 않은 습관 등을 분류했다. 잘하는 것을 조금 더 발전시키고, 새로운 시너지를 얻을 수 있도록 창의력도 추가해야 했다. 나는 캘리그래피를 쓰지만 주업이 리본이다. 이 둘을 조합했다.

무기력이란 단어에서도 알다시피 난 운동과 담쌓은 사람이다. 하루 500보도 걷지 않는 차량 의존증 인간. 엉덩이가 무거운 사람. 운동에 일가견이 있는 분께 두 가지 상담을 했다. "저는 골감소증이 있어요.", "저체중에 근육이 없어요."

늙어서 누워만 있기 싫었다. 운동을 하기 위해 하루 30분 정도씩 걸으며 광합성을 했다. 골밀도를 높이기 위해 약을 처방받았다. 가끔 가는 등산이 즐거웠을 때가 있었다. 힘들게 오른 뒤 내리막에서 맞는 시원한 바람의 맛! 혼자 조용히 걷는 시간이 좋았다. 아무 소리도 들리지 않는 산속에서 생각했다. 상상력이 꼬리에 꼬리를 물고 아이디어들이 퐁퐁 솟아났다. 바람이 나에게 속삭이는 것 같았다. '이제 좀 살 만해?'

내가 할 수 있고, 하고 싶은 게 생기다 보니 자신감이 붙었다.

2022년 4월. 아들 셋을 어린이집, 학교에 보내 두고 10년 된 낡은 검정 소파에 앉아 빨래를 개다가 지인 인스타를 보게 되었다. 해시태그가 '#514챌린지 #MKYU'라고 적혀 있었다.

미라클 모닝이라고 하는 기상 미션을 신청했다. 나는 2022년 4월 '뉴 쨱', '굿 쨱', '열정 대학생'이 되었다. 석 달 정도는 정말 일어나는 게 몸이 천근만근. 내 눈꺼풀과 이불이 그렇게 무거운 줄 처음 알았다. 하루하루 나를 이겨 내리라 하는 마음으로 이 악물고 일어났다. 한번 하고자 공표했으면 지켜야 했다. 나는 나의 심리를 여기에 역이용했다. 지르고 보자!

김미경 학장님의 동기 부여 강의를 들으면서 내가 배워 보고 싶은 것들이 늘어났다.

"뭐든 하자."

가장 중요한 건 경험! 아이들 키우랴, 백날 우울에 빠져 사느랴 리본 빼고는 뭐 하나 이룬 게 없었다. 신랑 혼자 버는 것도 한계가 있을 것이라는 생각도 들고, 안쓰러운 생각도 들었다.

지나간 시간은 돌아오지 않는다. 자책하지 않기로 했다. 여러 가지를 경험해 보자. 나에게 배움을 위한 투자도 하고 기회가 오면 무조건 도전했다. 2022년 6월 MKYU에서 진행하는 플리마켓 공고를 보고 내 리본 샘플을 보낸 적이 있는데, 참가가 확정되었다. 나에게는 참가 신청 자체만으로도 도전이고 모험이었다. 이 일을 계기로 나는 온라인 판매 스토어를 구축했고 빠르게 확장시켰다.

그때의 내가 도전했기에 지금의 내가 이 자리에 있다. 1년 동안 시간을 쪼개 배우지 않았다면 이 모든 일을 하는데 적어도 10년이라는 시간은 족히 걸렸을 것이다.

우연을 가장한 기회들은 내 주변을 시시각각 서성이고 있다. 준비된 자에게만 우연을 타고 로또가 올 수 있다. 아직 우리 앞길은 밝다. 갑자기 뜬금없지만 박막례 할머니 말씀마따나 인생의 역전은 누구에게나 온다. 아직 내 차례가, 때가 아닐 뿐이다.

무모한 용기
(김경희)

　3년 전 상조 회사를 다닐 때의 일이었다. 관리자로 진급하면 고객들에게 상품 설명을 하지 않을 수 없었기 때문에, 관리자인 나도 언젠가 누군가 앞에서 이야기해야 할 순간이 오지 않을까 고민을 하던 차였다. 그래서 하루는 연습 삼아 발표 연습을 해 보겠다고 지점장에게 이야기했다. 며칠이 지나고 지점장은 몇 명의 사람들 앞에서 상품에 관해 설명해 보는 것이 어떠냐며, 발표를 연습할 기회를 제안했다. 거절할 수도 있었다. 연습을 미리 한 것도 아니었다. 지금의 나로서는 왜 그랬는지 도무지 모르겠다. 다만 당시의 무모한 용기로 그 제안을 수락했다. 좁은 사무실의 단상 앞에서 8명 남짓의 사람을 앞두고 이야기를 시작했다.

　그럴싸하게 대본을 보며 발표를 시작했다. 고독한 단상 위에서 대본이 있어서 안심하며 이야기를 이어 나갔다. 언제쯤이었을까. 쓰인 대본과 화면의 슬라이드들이 맞춰지지 않는 순간들이 찾아왔다. 말을 해야겠고 화면을 가리키며 설명도 해야 했다. 무슨 말을 하는지 머리가 점점 하얘지기 시작했다. 조금씩 말을 더듬거렸다. 부끄러운 감정이 삐죽하게 모습을 들이밀었다. 얼굴 빨개졌다. 이성의 끈은 '내가 잘하고 있나'라는 혼자만의 고민에 멈춰 끊어진 지 오래였다.

"어…, 어……, 죄송합니다."

10분 남짓한 시간이 흘렀다. 나는 지점장을 불러 도저히 못 하겠다고 그 자리를 벗어났다. 그리고 3년 후 지금 나는 이 글을 쓰고 있다. 그때의 나는 왜 그렇게 잘하지 못했을까. 생각해 보면 나는 사람들 앞에서 무엇을 설명해 본 적이 없었다. 살아온 50년 인생의 첫 발표 경험이 상조 회사라는 게 웃기기도 했지만, 정말로 나의 첫 발표였다. 나를 바라보는 사람들의 시선이 무서웠다. 나를 뭐라고 생각할지 겁이 났다.

'다른 사람들은 잘만 하던데 왜 나만 못하지'라는 생각이 스스로 압도했다. 설명해야 할 내용보다 '말 못하고 있는 자신'이 더 크게 보였다. '나는 자신감도 부족하고, 평소에 말도 잘 안 해 봤으니까', '잘하고 싶은데 왜 이러는 거야', '사람들이 나를 뭐라고 생각할까.' 온갖 자기 검열과 부정적인 생각들로 가득 차 설명할 내용은 이미 사라진 지 오래였다.

다시 이야기의 시작점으로 돌아가자. 나는 왜 그 제안을 수락했을까? 실수하든 말든 일단 해 보자고 했던 당시의 무모한 용기 때문이었다. 무모하지만 부딪혀 맞서려는 마음이 발표의 끝까지 함께 했더라면, 비참하게 중간에 항복을 선언하지는 않았을 것이다. 갑자기 꼬이는 말에도, 설명과 맞지 않는 화면에도, 부정적일지 모르는 나를 향한 시선들 앞에서도, '에이, 모르겠다. 잘하든 못하든 끝은 내자.'라고 조금은 무책임하게 용기를 냈더라면 위에 쓴 이야기가 '비참한 패배의 경험'이 아닌 '부족하지만 값진 첫 경험'이 되었을지도 모른다. 용기라는 이름으로 대책 없이 나를 믿어 주는 마음이 그 누구보다 내게 필요했다.

제대로 말하지 못하는 것에 대해 늘 불안하고 불만이었다. 다른 사람의 생각이나 눈치 살피기에 바빴다. 그럴수록 나는 더 나를 믿어야 했다. 솔직하게 나 자신과 마주했어야 했다. 내가 무엇이 부족했는지, 무엇을 개선해 나가야 할지, 내면의 나에게 끊임없이 되물어야 했다. 3년의 시간은 스스로를 믿기 위한 일련의 과정이었다. 경험이 부족한 자신을 반성하고 용서했다. 꿈을 찾고 꿈을 위해 노력하는 자신을 나에게 보여 주고 싶었다. 고단하게 치이는 삶의 연속이었지만 그래도 나를 믿고자 했다. 두려운 마음에서 가 보지 않았던 길을 새롭게 도전해 보는 시간을 하나씩 가져 보았다.

그리고 1년 전 부족했지만 한 번의 발표를 무사히 끝냈다. 그때와 지금의 나는 어떻게 달라졌을까. '꿈이라는 이름 앞에 아주 조금은 나를 믿게 된 것이 아닐까'라고 나는 생각했다.

해가 바뀌고 근로 계약서를 새로 쓰던 1월의 어느 날이었다. 각자 한 사람씩 자신의 포부를 발표하라며 부장이 제안을 해 왔다. 평소에 말이라면 절대 밀리지 않을 것 같던 동료는 발표 자리에서 얼굴이 시뻘게지고 부끄러운 듯 실실 웃어 가며 말했다. 자기 의견을 똑 부러지게 말하던 반장 언니조차 부끄러워하며 몸을 꼬았다. 그 모습을 보면서 생각했다. 동료들에게 하고 싶었던 말을 하고야 말겠다는 생각으로 차례가 오기만을 기다렸다. 어느덧 내 순서가 왔다. 본인 마음에 들지 않으면 시비를 걸어오는 언니, 자기밖에 모르는 언니, 직원들 생각은 죽어도 안 하는 반장 언니에게 보란 듯이 이야기를 시작했다.

"반갑습니다. 김경희입니다. 저는 올해로 33년 차 직장인입니다. 다양한 직장 생활을 경험하며 다양한 사람들을 만나 봤습니다. 돌이켜 보면 어느 직장을 가더라도, 나와 뜻이 맞지 않는 사람은 꼭 있었습니다. 그 속에서 제가 할 수 있는 일은 늘 하나였습니다. 누구에게나 진심으로 대하는 것. 통하는 정도는 달라도 모두에게 진심은 늘 전해졌던 것 같습니다. 제 앞에 계신 여러분들과도 앞으로 그래 왔듯, 진심으로 다가가 오랫동안 함께 일하는 그런 사이로 지냈으면 합니다. 감사합니다."

마무리 멘트를 날리고 발표가 끝이 났다. 하고 싶은 말이 마음속에 꽉 들어차 있어 터질 것 같던 가슴이, 발표가 끝나자 후련해졌다. 발표불안에 시달리던 내 모습이 그 순간 보이지 않았다.

불안한 생각은 내가 만들어 낸 허상이었다. 내 안에 있던 불안이 자신을 괴롭힌 거였다. 마음속 깊은 곳에 자리하고 있던 여러 상처가 발표불안이라는 형태로 나타난 것이다. 유년기에 학습된 믿음, 경험 등이 무의식적이고 충동적으로 굳어진 거다. 모든 불안의 치료는 자신의 불안을 인정하고 받아들이는 데서 시작된다. 떨리면 떨리는 대로, 불안하면 불안한 대로 그냥 그 사실을 인정하고 받아들여야 했다. 있는 그대로의 나를 인정하고 무모한 용기로 나와 마주하는 순간, 떨림은 날아갈 것이다.

집중력을 길러 보자
(김소진)

존엄사협회에서 마련해 준 '행복한 노후' 강의를 나름 성공적으로 하고는 몇 년의 시간이 흘렀다. 코로나로 대면 강의할 기회가 없으니 점점 남들 앞에 서는 것이 불편했다. 다른 사람들도 말하기 연습을 하지 않으면 다시 힘들어지는 걸까. 얼굴에 얼마나 두꺼운 철판을 깔고 살아야 하는지 발표하는 상상만 해도 긴장된다. 발표 수업 심화 과정까지 마쳤으니 친구들이나 지인들 앞에서 자연스럽게 말할 수 있겠다고 생각했다. 그러나 스스로 노력하지 않으면 아무리 좋은 교육을 받았다고 해도 할 수 없는 건 마찬가지다. 배운 대로 연습하고 남들에게 무슨 말이든 하는 습관을 들여야 한다. 하지만 수다스러운 사람이라고 흉볼 것 같아, 하고 싶은 말이 있어도 머뭇거리게 된다.

과묵하게 있는 것을 미덕으로 교육받았고 무슨 말이든 들어 주는 사람으로 살았다. 어디를 가나 억지로 수다를 떨어 보겠다고 마음먹지 않으면 조용히 듣고 있는 사람이 된다. 듣기만 하다 보니 친구들의 수다에 흥미가 없다. 친구들은 서로 말하고 싶어 안달이 난 사람들 같다. 누가 한마디 하면 친구의 말은 틀리고 자기의 생각이 맞는 것처럼 그 말을 금세 가로채서 열변을 토한다. 말 꺼낸 사람은 잠시 머뭇거리다가 친구의 말이 끝나기도 전에 또다시 자기 말을 하기 시작한다. 어떤 때는 듣는 사람 없이 모두 말하는 사람만 있는 웃지 못할 상황이 벌어질 때도 있다. 나도 한마디 하고 싶어 내 이야기를 시작하면 여지없이 말을 가로채서 자기 말을 하는 친구가 있다. 하고 싶은 말을 못 하게 돼서 화가 나고 친구가 미워진다. 말을 다시 가로채는 그런 능력은 내게 없으니 그냥 듣고만 있을 수밖에. 그냥 수다스러운 친구 입만 쳐다본다. 어쩜 저리도 말을 잘할까? 말 잘하는 재능도 타고나는 걸까. 스피치 수업 과정이 끝나고 얼마간의 시간이 흘렀다. 배운 대로 연습하고 남들 앞에 제대로 서려고 노력해야 하는데, 노력도 안 하고 그냥 시간만 보냈다. 예전의 나로 돌아가 버린 느낌이다. 잘할 수 있다는 마음만 앞서고 준비 없는 발표에 여전히 말문은 막혀 버리고 나는 이내 얼버무린다. 이제는 가슴이 터질 것처럼 떨리는 건 없는데 조리 있게 말이 안 된다. 그래서 스피치 수업을 다시 재수강했다.

재수강 첫날 낯선 회원들을 보니 가슴이 두근거리기 시작했다. 또 자기소개를 해야 하나. 무슨 말로 시작하지…. 오만 가지 생각들로 머리가 복잡해지기 시작했다. '괜히 재수강했나.'라는 생각과 왜 나는 이렇게 힘든 일만 만드는지 원망스러웠다. 부족하지만 발표라도 하고 나니 조금 마음이 편해졌다. 같이 듣는 수강생들은 다들 어쩌나 잘하던지, 발표불안이 있는 사람들인지 의문스러웠다. 먼저 수강했다고 나를 선배라고 하는데, 어설픈 발표가 부끄러웠다. 줌 화면에 있는 나가기 버튼을 누를 수도 없어 참고 견뎌 보기로 했다. 강사님 말처럼 "다른 사람 의식하지 말고 내가 하고자하는 말만 신경 쓰자."라고 몇 번 되뇌었다.

이번엔 즉흥 스피치 시간이다. 주제는 '나만의 스트레스 해소법'이다. 자기만의 해소 방법을 말하면 된다. 가장 먼저 생각나는 주제는 매일 싸우는 남편에 대한 스트레스다. 어제도 오늘도 있었던일이라 그냥 술술 입에서 나왔다.

"같이 생활한 세월이 많아서일 것이다. 숨소리만 들어도 어떤 생각을 하고 있는지 알 정도로 서로 너무 많이 알아 문제다. 서로를 많이 아는 것이 아니라, 자기 편할 대로 생각해 버린 데서 오는 신경전이다. 대화가 막혀 화가 나면 방에 들어가혼자 앉아 있다. 화를 눌러야 살 것 같다. (중략) 사람들 만나수다도 떨고 하면 머리가 젊어진다는데 벌써 늙은이처럼 집에만 있으려고 하는 남편이 싫다. 그리고 식당에서 사 먹는 밥을싫어하니 그것도 마음에 안 든다. 여자들은 집에서 매일 밥하고 반찬 하니 나가서 남이 해 주는 밥 먹는 게 기분 전환도 되고 대우받는 기분이라 행복한데 어쩜 저리도 자기만 생각하는지, 이기적이라는 생각에 화가 난다. 남편은 '몸에 좋다는 걸다 사 놓고 왜 밖에 있는 음식을 먹느냐.'며 이해가 안 간단다.

우리의 전 재산이 집인데 여기서 벗어나면 안 된다는 개똥 철학이 또 시작되었다. 내 방에 들어와 남편 욕을 일기장에 몇 장에 걸쳐 써 내려 간다. 그러면 후련해지고 내가 너무 신경질을 냈나 하는 자기반성도 된다. 그리고 신나는 음악으로 기분을 조금 좋게 만든다."

이렇게 나의 스트레스 해소법을 말하는데 전혀 떨리지 않고 말이 잘 나왔다. 나의 경험을 넣어서 하니 이야기 순서도 머리에 그려지고 표정과 목소리에도 자신감이 들어가 전달이 잘되었다. 발표할 때 내 말에만 집중해서 이야기하다 보면 열정적으로 말을 할 수 있다. 처음에는 멋진 말을 만들어 발표하려고 했다. 그러면 그럴수록 더 어려워지고 오히려 허접해지기까지 했다. 그냥 내가 경험한 이야기로 발표에 집중하니 이야기가 더 잘되었다.

나는 집중력이 부족하다. 한 가지 일을 하다가도 다른 일을 생각한다. 말할 때도 머릿속으로는 오만 가지 생각이 난다. 말하다가 무슨 말을 하는지 길을 잃어버리는 경우도 종종 있다. 친구들에게 배운 유머를 남편에게 말하려면 혼자 먼저 웃다가 듣는 사람을 힘 빠지게 했다. 기대도 안 한다는 남편 붙잡고 '웃다가 쓰러질 거야'라며 호들갑을 떨고 시작한다. 이야기 중간은 사라지고 결론부터 말이 나와 버려 웃음도 나오지 않고 싱겁기만 한 이야기가 돼 버린다. 분명 친구에게 들었을 때는 배 아플 정도로 많이 웃었는데. 집에 오는 내내 혼자 터져 나오는 웃음을 겨우 참고 왔는데 이렇게 재미없는 이야기가 돼 버리는지. 속상했다. 남편은 듣고 있다가 예전에 유행하던 유머라면서 자기가 다시 이야기해 준다. 그 이야기는 지금 2탄, 3탄까지 나왔다면서 웃지도 않고 심각하게 이야기해 준다. 웃지 않는 그 모습이 더 웃겨 웃음이 터져 나왔다. 나는 왜 재미있게 이야기 못 할까? 먼저 혼자 웃고 시작하니 문제가 된다. 웃지 말고 심각하게 기승전결에 맞추어 차분히 이야기해야 한다. 나의 웃음이 많은 것도 문제다. 남편을 앞에 두고 심각한 표정으로 새로 배운 2탄, 3탄을 이야기해 보았다. 많이 좋아졌다는 말을 듣고서야 힘들어하는 남편을 놔주었다. 할 말을 머릿속으로 정해 두어야 한다. 급하게 말하려고 하면 더 이상하게 되니 천천히 말하는 연습을 집중해서 해야겠다.

마음잡고 독서할 때도 마찬가지다. 책상에 앉아 책을 읽으려면 핸드폰에 문자가 온 게 있나 궁금하다. 괜히 목이 마르고, 책상보다 바닥에 다리를 펴고 앉자 책을 보고 싶어진다. 종일 있어도 몇 장 못 읽고 침대에 쓰러진다. 이런 나를 억지로 잡아 보려고 도서관에 간다. 몇 시간 지나면 집에 할 일이 갑자기 생각나기도 한다. 이렇게 이유 같지 않은 이유로 시간 낭비하고 몸만 힘들다. 이 많은 내 머릿속 악마의 유혹을 없애고 집중하는 방법을 찾아보기로 했다.

타이머를 30분에 맞추고 그때까지 집중해서 책 읽기를 한다. 알람 소리가 나면 쉬는 시간 10분 타이머를 다시 맞춘다. 궁금했던 핸드폰도 보고 물도 마시고 화장실도 간다. 쉬는 시간에 타이머 시간을 잘 맞추는 것이 중요하다. 그렇지 않으면 뒹굴거림이 시작된다. 다시 30분 타이머를 맞춰 다음 시간에 할 발표 숙제를 한다. 이런 방법으로 하니 집중도 잘되고 진도도 잘 나간다. 의지가 약한 나다. 기계의 힘을 빌려서 하니 도움이 많이 돼서 좋다. 여러 사람과 함께하는 도전도 해 봤지만 하다가 포기하는 건 순간이다. 자신과의 싸움에서 이겨 내야 한다고 독하게 마음먹는다. 타이머 맞추기는 시간을 관리하고 집중력을 기르는 좋은 방법이 되었다. 여러 사람 앞에서 자신이 해야 할 말에 집중해야 말을 잘할 수 있으니 연습할 때도 타이머를 활용해서 집중력을 길러 보자. 아들 집에 타이머용 예쁜 시계가 있던데 가져와야겠다.

건물의 기둥을 세우다
(김수아)

아무리 연습을 해도 여전히 발표가 힘들 수 있다. 나 역시 그랬다. 그러나 발표불안의 근본적인 원인이 따로 있었다. 정말 생각지도 못한 데서 원인을 찾았다. 나를 존중하고 사랑하는 마음, 바로 '자존감'이었다. 내가 수강했던 멘탈 파워스피치 수업에서도 거듭 강조한 부분이 자존감이었다. 스피치와 자존감이 서로 무슨 상관이 있나 했지만 직접 경험해 보니 아주 밀접한 연관이 있었다. 사실 여러 스피치 기술보다도 자존감이 더 중요했다.

오늘은 평소보다 연습을 많이 한 날이다. 그런데 또 긴장된다. 배가 살살 아프다. 준비를 하고도 불안하다. 역시나 발표 시작부터 목소리가 떨리기 시작한다. '또 시작이구나. 나는 역시 안 되나 보다.' 스스로 자책한다. 자책할수록 더 말을 못했다. 안 그래도 발표불안으로 주눅이 들어 있는 상태인데 나 자신에게까지 외면당한다.

나 역시도 여러 방법으로 발표불안을 극복해 보려 노력했지만 좀처럼 잘되지 않았다. 발표 시작 전부터 안절부절못하고, 말 하나 제대로 하지 못하는 내가 싫었다. 발표나 수업을 마치고 나면 마치 인생의 패배자라도 된 것처럼 우울해했다. 더는 낮아질 것도 없는 자존감이 한없이 바닥으로 내려간다. 이런 나에게 자존감이라니. 나를 인정하고 사랑해 보라니! 내가 사랑스럽지 않아 사랑할 수 없었다. 스스로를 채찍질하며 더 잘하라고 다그쳤다. 노력하는 나를 외면한 채 불만만 가득했다.

이런 나도 바뀌기 시작했다. 바로 스피치 수업과 함께한 '멘탈 훈련'을 하고 나서부터였다. 구체적인 방법으로는 감사 일기 쓰기, 나 칭찬하기, 미소 셀프 카메라 찍기, 긍정 확언 하기, 나에게 선물하기였다. 이 훈련이 말을 잘하게 해 준다고? 솔직히 믿지 않았다. 수업의 일부라 반강제적으로 시작했다.

하루가 지나고 이틀이 지나고, 1년이 지났다. 그 효과는 놀라웠다. 이 멘탈 훈련은 자존감이라고는 전혀 없던 나에게, 새로운 삶을 살게 해 준 처방전이 되었다. 이 멘탈 훈련을 하루도 빠짐없이 매일 했다. 그 결과 나는 성대 결절이 올 정도로 열강 하는 강사가 되어 있었고, 이제 더 이상 말을 더듬지 않고 발표할 수 있게 되었다. 발표뿐 아니라 내 인생이 달라졌다 해도 과언이 아니다. 이 멘탈 훈련법 다섯 가지를 소개한다.

첫째, 매일 감사 일기 쓰기. 어디서 많이 들어는 봤다. 그러나 한 번도 시도한 적은 없었다. 이번 기회에 감사 일기라는 것을 써 보기로 했다. 처음에는 감사할 일이 단 하나도 생각나지 않아서 막막했다. 감사도 연습이 필요했다. 이렇게 매일 일기를 쓰다 보니 언제부터인지 모르게 '확실히' 달라졌다. 어떤 상황이든 부정적인 요소는 자동으로 걸러지고, 긍정적인 것만 눈에 보인다. 긍정적인 것들만 보이니 감사할 일이 수도 없이 많았다. 이렇게도 감사할 일이 많았다니! 이렇게 하루하루 쌓이니 우울하기만 했던 내 삶도 꽤 괜찮게 느껴졌다.

둘째 나 칭찬하기. 스스로 칭찬하는 것, 나에겐 감사 일기보다 더 어려웠다. 나는 낯간지러워 남 칭찬도 잘 못하는 성격이다. 그런데 내 칭찬을 하라니. 스피치 수업에서 자기 자신에게 칭찬의 편지를 쓰는 과제가 있었다. 그렇게 반강제적으로 셀프칭찬을 시작하게 되었다.

"수아야, 너는 늘 스스로 잘하는 게 없다고 말하지만 사실 넌 잘하는 게 참 많아."로 시작한 편지……. 수강생들 앞에 서서 편지를 읽던 날, 나는 말을 잇지 못할 정도로 많은 눈물을 쏟아 냈다. 이런 내 모습에 내가 더 놀랐다. 내가 왜 그렇게나 울었을까. 사람은 누구나 인정받고 싶은 욕구가 있다고 한다. 나와 가장 가까운 내가 나를 인정한다는 것. 그 무엇과도 비할 수 없는 진심 어린 위로이자 치유였다.

셋째, 매일 나에게 선물하기. 나를 위한 것이면 그 어떤 것도 선물이 된다. 아침에 졸린 눈 비비며 마시는 커피 한잔, 아이들 학원 간 사이 깜빡 조는 낮잠, 모두 잠든 밤 숨죽이며 뜯는 새우깡 한

봉지와 캔 맥주. 이런 소소한 것들에 선물이라는 의미를 두고 기록한다. 사진 폴더에는 늘 선물로 가득 차 있다. 나는 매일 선물 받는다. 나에게 주어진 오늘이, 내 삶의 모든 것이 선물이었다.

넷째, 미소 지으며 셀프 카메라 찍기. 매일 웃으며 내 얼굴을 마주해 본다. 일상에서 웃을 일이 없었다. 아니, 없다고 생각했다. 사랑스러운 딸들에게조차 웃음기 없는 엄한 엄마였다. 나는 웃으니까 행복하다는 말을 제일 싫어했다. 억지스러웠다. 억지스럽게 웃는 건 가식이라 생각했다. 나를 향해 카메라를 켰다. 어색하다. 일단 한 장 찍어 봤다. 내가 뭐 하는 건가 싶다. 사진이 영 마음에 들지 않아 몇 번 더 웃어 봤다. 입가에 경련도 났다. 어느 날은 이런 내 모습이 웃겨서 '진짜 웃음'을 보이기도 했다. 웃는 것도 운동하듯 단련이 필요한가 보다. 자꾸 웃으니 입가의 '웃음 근육'이 생겼다. 제일 처음 찍은 사진과 지금을 비교해 보니 훨씬 자연스럽게 웃는다. 웃음 근육을 단련하니 이 웃음이 일상에서도 자연스레 나온다. 진짜로 내가 행복한 것 같다. 행복이 전염되었는지 주변의 행복한 일들만 보인다. 오늘은 좀 더 활짝 웃어 본다. 엔도르핀이 솟는 느낌이다. 이렇게 보니 나도 꽤 예뻐 보인다.

다섯째, 긍정 확언 외치기. 긍정 확언이라니, 일종의 '쇼'라고 생각했다. 믿지 않았다. 확언을 외치는 내 모습을 상상해 보았다. 생각만 해도 낯간지러웠다. 이걸 써 보는 것도 모자라 소리 내어 읽어 보라니. 혼자 있어도 못 할 노릇이었다. 혹여나 누가 볼까 싶어 주변을 살폈고, 손발이 오그라들어서 몇 번을 멈칫했다. 그런데 신기하게도 긍정 확언을 외치고 수업을 한 날은 평소보다 덜 긴장되는 느낌이었다. 기분 탓이겠지. 그런데 그 '기분 탓'이라는 것조차 효과가 있다면 안 할 이유가 없었다. 말에는 힘이 있다고 하던데, 정말 사실이었다! 말로 내뱉은 무의식이 강력한 힘을 만들어 주었다. 긍정 확언을 실제로 외쳐 보면서 말에도 힘이 있다는 것을 확신했다.

이 모든 자존감 훈련을 스피치 선생님과 매일 공유했다. 솔직히 처음에는 이게 발표불안 해소에 효과가 있을까, 하며 반신반의했다. '나는 당장 활용할 수 있는 말의 기술이 필요한데!'

그렇게 1년이 지났다. 내가 엄청난 유명 강사가 된 것도 아니고, 말의 기술에 능숙한 달변가가 된 것도 아니었다. 하지만 분명하게 변한 것이 있다.

"이제는 더 이상 발표가 두렵지 않다!"

자존감은 스피치 기술에서 단단한 기둥 역할을 해 준다. 건물 짓는 것으로 비유를 한다면 자존감은 건물 내부의 중심 기둥이 되는 것이다. 이렇게 자존감이라는 기둥을 세워 놓고 외부의 벽돌을 하나하나 쌓아 올린다. 이때 벽돌을 쌓아 올리는 과정을 '발표 연습'이라고 비유해 본다. 그다음에는 건물의 외형적인 디자인인 목소리 톤, 발음, 제스처 등을 더해 보는 것이다.

나는 그동안 외형적으로 보이는 기술만을 연습했다. 이렇게 연습을 하고도 크게 나아지지 않아 자신감을 잃었고, 그 원인을 찾지 못한 채 좌절했다. 건물의 중심 기둥이 약한 상태에서 외벽만 열심히 지으려고 했다. 아무리 건물 외형을 멋지게 치장했어도 기초가 약한 건물은 계속 무너질 수밖에 없었다. 결국 중요한 건 건물의 중심 기둥인 '자존감'이었다. 나에게는 나를 믿어 주는 든든한 나 자신이 있다. 스스로가 나를 믿고 응원해 주니 더 용기가 생겨난다. 발표 시 긴장하는 나를 인정한다. 다독여 준다. 응원한다. 이렇게 내가 '나'를 이끌어 간다.

그리고 이번 나의 발표에서 발전한 부분을 찾아 칭찬한다.

"지난번에는 말이 빨랐는데 오늘은 천천히 하려고 노력했네? 잘했어!"

이렇게 전과 비교했을 때 작은 발전이라도 있었다면 그것으로 충분하다. 이 과정의 처음과 끝에는 항상 나 자신이 있다. 나는 나의 노력을 누구보다 잘 아는 사람이다. 나를 사랑으로 보듬어 주자. 기둥이 더욱 단단해진다. 이렇게 만들어진 튼튼한 건물은 발표불안 따위에 더는 무너지지 않는다.

힘들 때 일어날 수 있게 하는 감사의 힘 (김태경)

발표불안에서 자유로워지려면 자존감을 높이 끌어올려야 한다. 자존감이 높은 사람은 당당하다. 자신감이 넘친다. 힘든 상황 속에서도 일어날 수 있는 회복 탄력성이 높다. 자존감이 지하에 있던 나를 서서히 지상으로 끌어올려 주었던 계기가 있었다. 바로 '셀프 칭찬'을 하고 나서부터이다. 우연히 자신을 칭찬하는 커뮤니티에 가입하게 되었는데, 서너 달 정도 매일 나를 칭찬하면서 자존감이 조금씩 회복되기 시작했다. 그래서 발표불안 극복 스피치를 신청할 용기도 생겼다. 만약 아무것도 하지 않고 있었다면 아직도 지하에서 올라오지 못했을 것이다.

거기에 더해 발표불안 스피치를 배우기 시작하면서 나의 자존감은 쑥쑥 자라기 시작했다. 스피치 기초반을 마치면 멘탈 파워스쿨 단톡방에 들어오게 된다. 여기에서 우리는 매일 '나사랑(나를 사랑하는 시간)'을 하면서 자존감을 키운다. 긍정 확언을 외친다. 미소 셀카를 찍는다. 감사 일기, 칭찬 일기를 쓴다. 오늘을 잘 살아 낸 나에게 선물을 한다. 선물은 꼭 물질적인 것만이 아니다. 하루를 잘 살아 낸 나에게 고마운 마음을 선물하는 것만으로도 충분하다. 나사랑 중에서 미소 셀카와 긍정 확언은 아침에 눈을 뜨자마자 했다. 미소 셀카는 나를 운이 들어오는 밝은 얼굴로 바꿔 주었다. 긍정 확언은 나에게 강한 멘탈을 선물로 주었다.

멘탈 파워스쿨에서는 평생 무료로 스피치 재수강을 할 수 있는 기회를 준다. 발표불안을 완전히 극복하지 않은 상태에서 멈추어만 있으면 열등감이란 녀석이 다시 스멀스멀 올라오기 때문이다. 그런데도 나는 오전 수업에는 출근해야 한다고 안 들어갔다. 저녁에는 약속이 있다며 안 들어갔다. 퇴근 후에는 가족들의 식사를 챙겨야 한다. 설거지와 빨래도 해야 한다……. 이런저런 핑계로 나를 합리화했다. 사실 처음엔 기초반과 심화반 모두 오전반 수업을 들었다. 회사에 양해를 구하고 일주일에 한 번씩 오후에 출근을 했다. 열정을 가지고 끝까지 수업에 참여했다. 그런데 심화반까지 끝내고 나니 좀 쉬고 싶어졌다. 그동안 너무 열심히 달려왔기 때문에 지쳐 있기도 했다. 평온한 삶에 안주하고 있는 나를 발견하고 다시 시작해야겠다고 마음을 다잡고 있을 때였다.

내가 모시고 있던 친정엄마가 폐렴이 있는 데다 코로나까지 걸렸다. 결국 병원에서 치료를 받다가 돌아가셨다. 나는 살아 계실 때 서운하게 해 드렸던 것만 생각나서 미안했고, 죄책감이 들었다. 아무것도 손에 잡히지 않았다. 출퇴근만 겨우 하면서 매일 누워서 지냈다. 그러면서도 빨리 멘탈을 잡고 일어나야 한다는 생각은 하고 있었다. 하지만 몸과 마음이 무기력해진 나는 좀처럼 벌떡 일어날 수가 없었다. 불안하고 초조해하고 있던 어느 날 저녁에 갑자기 이런 생각이 들었다. '내가 또다시 할 수 있을까? 내 열정이 다시 살아날 수 있을까? 자신감 있는 나로 돌아갈 수 있을까?'

발표불안이 있던 소심하기 짝이 없는 예전의 나로 돌아간다는 건 생각하기도 싫었다. 그때 이은대 작가님(자이언트북컨설팅 대표)께서 언젠가 특강에서 하신 말씀이 떠올랐다. 온라인 줌에서 표정 없이 앉아 있는 사람들이 안타까웠는지 이렇게 말씀하셨다.

"표정과 기분이 실력보다 위에 있습니다. 기분이 좋으면 무엇이든 다 잘할 수 있어요. 나의 기분에 초점을 맞추고 지금 내 표정이 어떻지? 항상 생각하세요."

그렇다. 내 기분이 우울하니 아무것도 하기 싫고 자꾸 동굴 속으로 들어가려 하고 있었다.

얼마 후 목요일 저녁이었다. 단톡방에 발표불안 극복 스피치 화상 수업 링크가 올라왔다. 링크 아래에 선생님의 메시지도 있었다.

"저녁 8시 수업 있습니다. 재수강하실 분들은 들어오세요. 발표의 경험을 많이 쌓으셔야 자신감이 생기고 발표불안이 해결됩니다. 노력하지 않고 가만히 있으면 다시 예전으로 돌아가고 제자리에 있습니다."

나 들으라고 하시는 말씀 같았다. 그래서 나는 너무나도 자연스럽게 링크를 클릭했고 수업에 참여했다. 그날은 기초반 1주 차 수업을 하는 날이었다. 속으로 '오히려 너무 잘된 거야. 초심으로 돌아가서 다시 시작해 보자.'라고 다짐하고 수업에 적극적으로 참여했다. 말하는 대로 이루어진다고 하지 않았던가! 그래서 자기소개

스피치를 할 때 나를 호감 있어 보이게 하는 수식어를 바꿨다. 나를 대표하는 키워드도 '용기'로 바꿨다.

"도전하며 성공을 꿈꾸는 김태경입니다. 저를 대표하는 말은 '용기'입니다. 왜냐하면 저는 스피치 수업을 들으면서 자신감이 많이 생겼어요. 그래서 새로운 일에 도전하기를 두려워하지 않아요. 용기를 내어 시도했고 추진력 또한 강해졌기 때문입니다."라며 발표했다.

몇 달 동안 수업에 들어오지 않았어도 예전에 배웠던 것들이 생각났고 열정이 다시 살아나는 것을 느낄 수 있었다. 수업 시간 내내 잘했다고 칭찬해 주고 용기 주시는 선생님과 보배님들이 있어서 나의 자존감은 한 단계 회복되었다. 비록 아직 유창하진 않지만 스피치 수업을 들을 때면 나 자신에게 가장 의미 있는 일을 하고 있다는 생각에 마음이 부풀어 오른다. 나의 장점은 이런 것이다. 나에게 무엇이 필요한지 잘 알아차린다. 오랫동안 생각하지 않고 망설이지 않는다. 머릿속으로 '해야지' 하고 생각했다면 바로 '그래, 해 보는 거야', '할 수 있어'로 생각을 전환하고 행동한다. 매일 '나'를 칭찬하다 보니 지금처럼 이렇게 '셀프 칭찬 스킬'도 늘어 가는가 보다.

재수강할 때 언젠가 선생님께서 해 주신 말씀 가운데 너무 공감되는 말이 있다.

"자존감은 한순간에 훅 낮아질 수 있어요. 그러니 항상 챙겨 먹어야 해요."

자존감도 비타민처럼 매일 챙겨 먹어야 우리 몸에서 이로운 효과를 발휘한다. 이것도 내가 요즘 온몸으로 느끼고 있는 중이다. 가끔 수업 중에 선생님께서 한마디씩 해 주시는 말씀은 꼭 '언제 내 마음속에 들어왔다 가셨나?'라고 할 정도로 나를 깨우치게 만든다.

발표불안이 극복된 것 같다고 가만히 있으면 안 된다. 말 잘하는 것을 타고난 사람들과 나는 다르니까. 꾸준한 재수강과 매일 실천하는 '나사랑'으로 인해 감사와 긍정은 자연스럽게 나와 한 몸이 되었다. 나는 이제 소소한 것에도 감사할 줄 안다. 모든 것을 긍정적으로 바라보는 감사의 힘도 생겼다.

감사의 힘을 아는 사람은 힘든 상황에서 빨리 일어날 수 있는 회복 탄력성이 높다. 동고동락하던 엄마와 잘 이별할 수 있었던 것도 감사의 힘 때문이었다. 나의 오늘과 내일은 항상 밝을 것이다. 다섯 가지 '나사랑'과 스피치 재수강은 나의 자존감을 높여 주는 고속도로 역할을 하고 있다.

일상에서 연습하는 말하기 훈련
(박지연)

　하루에 몇 차례씩 무대 위에 오르던 가수들도, 오랜만의 컴백을 앞두고 긴장을 표현한다. 스포트라이트를 받으며, 온몸으로 자신들을 표현하던 이들도 그렇다는 게 놀라웠다. 이번 앨범도 잘될 수 있을까, 열정이 식은 팬들은 없을까, 기다려 준 팬들을 실망하게 하지는 않을까 등, 그들만의 다양한 고충이 있었다. 카메라와 브라운관, 두 개의 투명 벽을 넘어 지켜보는 관객의 입장으로 그들의 세세한 감정까지 파악하기는 쉽지 않다. 무대에 설 때가 가장 행복하다는 이들도 그렇다는데, 그런 기회가 흔하지 않은 나 같은 사람은 오죽할까. 그들과 내가 겪는 긴장감의 기류가 다르긴 하겠지만, 비슷한 걱정을 하는 것만큼은 틀림없다. 발표를 앞둔 며칠 전부터, 밤잠 설치기는 기본이고 시간이 다가올수록 입술은 건초더미로 변해 간다. 연이어 물을 들이켜니, 화장실과 한 몸이 될 지경이다. 하고자 하는 말을 분명하게 전달할 수 있을까, 빠뜨리는 건 없을까, 돌발 상황이 생기지는 않을까, 말과 행동을 실수하지는 않을까, 약점이나 부족한 부분이 도드라져 보이지는 않을까 등. 일어나지도 않은 일에 스스로 올가미를 씌우기도 했다. 더는 그러고 싶지 않았다. 나이가 들수록 연륜이 쌓인다는데, 발표에서도 쌓고 싶었다. 그러기 위해선 긴장감과 부정적인 생각에 휘둘리지 않는 연습이 필요했다. 일상에서 시작한 세 가지의 말하기 훈련이, 강속구로 변해 과감히 뿌려져 주길 바란다.

첫 번째, 매일 아침 긍정의 씨앗을 키운다.

몇 년 동안 육아서만 편독하다가, 재작년부터 다시 자기 계발서를 읽고 관련 영상을 찾아보고 있다. 긍정 확언, 감사 일기, 시각화와 같이 목표하는 바를 적고, 외치고, 상상하라는 내용이 많았다. 그중에서도 《파리에서 도시락을 파는 여자》, 《웰씽킹》의 저자인 켈리 최 회장과, 《21가지 발표불안 극복 시크릿》의 저자이자 《멘탈 파워스피치》의 강은영 강사가 보여 주는 사항들은 가볍게 할 수 있을 듯했다. 먼저, 《웰씽킹》에 적힌 '아침 긍정 확언'을 냉장고에 붙여 놓고 읽기 시작했다. 한 달 뒤, 강은영 강사가 운영하는 오픈 채팅방에 가입해 '나사랑 챌린지'에 참여했다. 수십 명이 넘는 사람들과 긍정 확언 자기 암시문을 녹음하고, 미소 셀카를 찍고, 하루의 감사와 칭찬 그리고 나를 위한 선물 기록을 인증한다. 쉬고 싶고, 모른 척하고 싶은 날도, 열정의 흐름에 파도 타며 흔들리는 마음을 다잡는다.

두 번째, 되도록 서 있는 자세로 이야기한다.

작년 초여름, 켈리 최 회장이 진행하는 4시간짜리 온라인 강의에 참여한 적이 있다. 한국을 넘어, 세계 각국에서 이 백여 명의 넘는 인원이 참가했다. 온라인을 통해 참여하는데도, 아이돌 콘서트 못지않은 현장의 열기를 느낄 수 있었다. 그 속에서 당당하게 이야기하는 회장의 모습은 보는 것만으로도 압도되었다. 얼마 뒤, 켈리 최 회장과 관련된 영상을 접했다. 많이 배우지도 못했고, 난독증도 있었으며, 남들에게 말하는 게 두려웠다 했다. 수많은 연습을 한 결과, 지금처럼 말할 수 있게 된 거라고. 발표를 잘하기 위한 자신만의 방법 중 한 가지가, 서 있는 자세로 이야기하는 거라 했다. 실제로, 회장의 딸도 의견을 말해야 할 경우, 서서 말하도록 한댔다. 〈멘탈 파워스피치〉 강의를 수강하면서 깨달았다. 온라인상에서라도 앉아서 말할 때와 서 있는 자세로 말할 때의 긴장도가 사뭇 다르다는 것을. 그렇다면, 오프라인에서 격차는 얼마나 더 크다는 걸까. 그날 이후, 긍정 확언과 자기 암시문 녹음을 할 때도 서 있는 자세로 연습하는 중이다.

세 번째, 다른 사람의 강연을 보거나 참석한다. JTBC 채널에서 방영하는 〈차이 나는 클래스〉 프로그램을 즐겨 본다. 매회 다양한 주제로, 해당 분야의 전문적인 지식을 가진 이가 나온다. 청자의 입장으로 볼 때는 흥미도에 초점을 맞추었지만, 화자의 입장이 되며 시청하는 관점이 달라졌다. 강연 스타일에 집중했다. 준비된 자료 화면 위주로 읽는 사람, 이야기로 풀어 가는 사람, 청중들과 소통하며 진행하는 사람, 딱딱한 분위기지만 중간중간 재치와 위트를 적절히 섞는 사람, 본인이 가진 지식을 최대한으로 전달하려는 사람, 목소리와 몸짓으로 좌중을 압도하는 사람 등, 저마다 강연 스타일이 다르다. '나는 어떤 유형에 가까울까, 나라면 어떤 방식으로 진행할까?' 분석하고 그려 보기도 한다. 전문적인 지식을 가진 이들도, 이 자리에 서기 위해 얼마나 많은 준비와 연습을 했을지에 대한 물음표도 던져 본다.

위드 코로나가 되며, 도서관을 비롯한 곳곳에서 오프라인 강의를 재개했다. 유명 강사들이 진행하는 강의가 아니라도, 관심 있는 분야라면 참석하는 편이다. 근접한 거리에 서 있는 강연자들의 강의를 보며, 그들의 진행방식과 시선 처리, 바디 제스처, 표정, 음성의 강약 등을 적고 분석하기도 한다.

발표와 관련한 일정이 있을 경우만 스파르타식으로 준비해도 되지만, 일상에서 연습하기로 했다. 긍정 확언으로 긍정 씨앗에 물을 주고, 서 있는 자세로 말하는 동안 따스한 햇볕과 빗방울을 맞으며 부지런히 성장하려 한다. '굳이 이렇게까지 해야 하나' 의구심이 들 때도 있지만, 앞날을 위해선 필수 요건이라 여기기로 했다. 코로나가 있던 3년 동안, 배움과 관련된 씨앗만 심었다. 이제는 그 싹을 틔울 시기다. 꽃을 피우고 열매를 맺기 위해선, 발표는 필수 사항이다. 나를 알리기 위한 절호의 기회인 만큼, 만개하는 꽃처럼 보여 주고 싶다. 이전까지는 사람들 앞에서 말하는 상황을 꺼렸다면, 더는 그렇지 않다. 앞으로 맞이할 순간들은 긴장과 떨림이 아닌, 기대와 설렘으로 맞이하려 한다.

나 사랑으로 성장하는 나!
(이민정)

사람들 앞에서 발표하는 건 쉽지 않았다. 연습을 많이 한다고 하루아침에 극복되는 것도 아녔다. 그러나 스피치를 배우면서 점점 내가 변하고 있다는 것을 느꼈다. 발표를 잘하는 방법만 배운 게 아니라 한 가지 더 있었다. 바로 '나 사랑하기'였다.

스피치 수업을 하면서 배웠던 '나 사랑하기'는 짧은 기간에도 효과를 느낄 수 있었다. '나 사랑하기' 방법은 5가지였다. 매일 긍정 확언 하기, 감사하기, 나 칭찬하기, 나에게 선물하기, 미소 셀카 찍기다.

매일 한 쪽 정도의 긍정 확언을 외치면서 자기 암시를 하였다. 그리고 하루 동안 있었던 감사한 일들을 생각하고 적어 보았다. 또 나에게 칭찬할 점을 찾아서 매일 스스로 칭찬해 주었다. 또 오늘 하루 동안 애쓴 나를 위해 나에게 선물을 하였다. 미소 셀카를 찍을 땐, 치아가 보이도록 환하게 웃는 나의 모습을 사진으로 남겼다.

나는 아침에 긍정 확언을 녹음하고 외친다.

"넌 정말 멋져! 소중한 사람이야."

"넌 할 수 있어! 최고야."

"오늘도 신나는 하루, 최선을 다하는 하루가 되자."

이렇게 외치고 나면 더 활기가 넘쳐 나는 기분이 들었다. 자신감 있게 하루를 시작할 수 있었다.

감사하기를 시작하면서 순간순간마다 감사할 일들이 많아졌다. 감사함을 기록하는 것이 익숙하지 않았을 때는 감사한 것이 별로 없었다. 뭔가 대단한 것을 감사하다고 하여야 할 것 같았다. 지금은 작은 것 하나에도 감사함을 느끼게 되었다.

"아침에 일어났는데 기분이 상쾌해서 감사합니다."

"산더미같이 많은 빨래를 세탁기가 한 방에 해결해 줘서 감사합니다."

"아이들이 저녁 식사를 맛있게 먹어 줘서 감사합니다."

이렇게 감사함을 느끼다 보니 살아가는 삶에 감사해졌다. 허투루 말하기에 그치는 게 아니라, 최선을 다하려는 마음마저 생겼다.

'나 칭찬하기'는 하루 동안의 일을 생각해 보고 스스로를 칭찬해 주는 사랑법이다.

"민정아! 아침에 막내가 울고불고 떼 부려서 속상하고 화가 났었지? 속으로는 살짝 화가 났는데 큰소리 안 내고 아이 마음 알아주고 토닥여 주었지! 잘했어! 넌 정말 멋진 엄마야!"

자신을 칭찬하는 것이라서 처음에는 좀 오글거리는 것 같고 부끄럽기도 했다. 매일 하다 보니 지금은 뻔뻔함이 생겼는지 아무렇지도 않다.

'나 칭찬하기'를 하고 좋아진 점이 있다. 매일 칭찬을 받다 보니 내가 괜찮은 사람이라는 생각이 들었다. 소중한 존재구나, 하는 생각을 하게 되었다. 그리고 나의 자존감과 자신감이 함께 올라갔다.

매일 나에게 선물도 주었다. 오늘은 나에게 무슨 선물을 줄까, 생각하면 기분이 좋아졌다. 평소 나는 애들 간식은 예쁘게 챙겨 주면서 정작 내가 먹을 때는 대충 그릇에 담아서 먹었다. 하루는 아침에 아이들에게 먹을거리를 챙겨 주려고 와플을 구웠다. 아이들 셋이 굽기가 무섭게 와플을 가져갔다. 맛도 못 본 나는 아이들이 등원한 후 나에게 와플을 선물했다. 따끈하게 구운 와플을 접시에 담았다. 그리고 와플 위에 달콤한 바닐라 아이스크림 한 스쿱, 블루베리, 크랜베리로 예쁘게 꾸몄다. 평소에는 그냥 먹었을 텐데 그날은 어느 카페 부럽지 않을 정도의 비주얼이었다. 나를 위한 선물이라 기분이 참 좋았다.

어느 날은 마트에서 내가 먹고 싶었던 과자를 사 먹었다. 일회용 마스크팩을 내 얼굴에 선물하기도 하였다. 그럴 때마다 행복함이 느껴졌다. 행복과 함께 나의 자존감은 매일매일 쌓여 갔다.

마지막으로 미소 셀카 찍기!

과거 내 핸드폰을 보면 내 사진을 찾아보기 힘들었다. 있다고 해도 활짝 웃고 있는 사진은 거의 없었다. 처음에 인증했던 미소 셀카를 보면 웃을 듯 말 듯 어색한 표정이다. 그 표정도 당시 여러 번 찍은 것 중 가장 잘 찍었다고 생각했던 사진이었다. 그런데 지금 나의 표정을 보면 많이 변했구나, 하는 것을 느낄 수 있다. 함께 '나 사랑하기' 활동을 하는 다른 분들도 밝아진 나의 표정을 느낄 정도다. 얼마 전에는 단톡방에서 미소 셀카 퀸으로도 뽑혔다. 스스로 '미소 셀카 성형'을 했다고 말할 정도로 웃는 모습이 밝아졌다. 긍정 에너지가 들어오니 표정도 바뀌는 것 같았다.

미소 셀카가 더 빛을 볼 수 있었던 건 내면의 단단함 덕분이다. 이젠 겉으로도 그 단단함이 드러나는 것 같다.

이 세상에서 가장 소중한 사람은 누구일까? 바로 나 자신이다. 나를 사랑하지 않으면 모든 것이 제대로 될 리가 없다. 진심으로 나를 사랑하면 하루하루가 기분이 좋고, 하는 일도 잘된다. 있는 그대로의 나를 사랑하고 받아들이는 마음은 나를 많이 변화시켰다. 자존감이 높아졌고 자신감이 생겼다. 무언가를 할 때도 시도하려는 용기가 생겨났다.

'나 사랑'은 나를 발전시키는 에너지 발전소 같다. 앞으로도 매일 꾸준하게 '나 사랑 발전소'를 돌려서 멋지게 성장하며 살아갈 것이다.

동전의 양면처럼 뗄 수 없는 관계
(이석경)

코로나 이후로 대면보다는 줌으로 소통하는 챌린지가 많아졌다. 줌을 통해서 내 목소리를 낼 수 있고 줌을 통해 자신들이 지닌 역량을 발휘하는 사람들이 많아진 것이다. 내게는 스피치뿐 아니라 디지털 문맹도 있어서 디지털 문맹 탈출을 위한 챌린지를 한다. 새벽 5시에 일어나 줌을 켠다. 리더님과 회원님에게 인사하며 아침을 맞이한다. 매일 아침 챌린지를 하면서 얼굴을 보니 친숙해졌다. 다른 회원들이 안 나오면 왜 안 나왔나 걱정도 해 주고 전화까지도 해 주며 서로를 이끌어 준다.

디지털 문맹 탈출 챌린지에서는 김미경 학장님의 말씀을 듣고 말씀 내용 중 기억에 남는 말을 한 가지씩 발표한다. 나는 먼저 마이크를 켜고 손을 든다. 왜냐하면, 먼저 발표를 해야 덜 떨리기 때문이다. 내 닉네임은 '우사랑'. 손주 이름인 우진, 우현에서 따온 말이다. 나는 닉네임을 밝히며 아침에 들었던 내용 가운데 좋았던 내용을 다른 이들보다 한발 앞서 이야기한다. 나중에 얘기하면 앞에서 다 좋은 말들을 이미 해 버리기 때문에 할 얘기가 없다. 나는 목소리가 기어들어 가지 않도록 자신감 있고 짧게 말을 한다.

아침 줌 수업을 마치고 출근하면 업무 인계 후에 어르신과 직원 모두 아침 체조를 한다. 국민 체조가 끝나면 나는 박수 세 번과 "야!" 하는 함성을 지르도록 한다. "야!" 소리를 냈을 뿐인데도 속이 후련한 느낌이다. 나도 이렇게 후련한데 다른 사람들은 어떨까. 그들도 속이 다 뻥 뚫린다고 한다.

내가 이렇게 할 수 있는 것은 스피치 4주 차 수업에서 호흡과 발성, 발음을 훈련하는 보이스 트레이닝을 배웠기 때문이다. 나는 말을 할 때 목소리가 작고 힘이 없었다. 기어들어 가는 목소리에다 웅얼거리는 목소리로 인해 다른 사람들이 내 말을 잘 알아들을 수 없었고 사람들이 내 말에 집중하기 어려웠다. 그러다 보니 호흡과 말이 빨라지고 발표도 빨리 끝냈다. 내 생각은 '가'인데 받아들이는 사람은 '나'로 잘못 받아들일 때도 있다. 목소리가 작으니 의사 전달이 정확하지 않을 때도 있다.

"떨어도 괜찮습니다. 잘하지 않아도 괜찮습니다. 부족해도 괜찮습니다. 석경 님, 사랑합니다. 존경합니다. 당신이 정말 잘됐으면 좋겠습니다."

스피치를 할 때 떨지 말고 잘하라고 이렇게 서로 응원과 사랑을 받으면서 스피치를 배웠다. 이제는 발표 전에 항상 "당신이 잘됐으면 좋겠습니다."라는 말을 기억하며, "나는 잘된다", "할 수 있다", "잘할 수 있다"라고 되뇐다. 이렇게 하다 보니 정말 잘된다.

그러나 회의를 진행할 때 손을 어느 위치에 놓아야 할지부터 목소리 톤은 어느 정도로 해야 하는지, 제스처는 언제 써야 하는지,

발표불안은 어떻게 명품 스피치가 되는가

배우긴 했지만 아직은 서투르다. 그리고 아는 사람들에게 이야기하는 일은 자연스럽지만, 낯선 환경에서 낯선 사람들에게 이야기할 때는 내 목소리를 내지 못하고 있다.

어르신에 대한 상담과 면담은 잘한다. 그러나 면담과 발표는 다르다는 것을 안다. 이젠 발표와 강의도 다르다는 것을 나 나름대로 깨달았다. 발표할 때도 설렘보다는 불안이 먼저 오는데 강의할 때는 더더욱 긴장된다. 강은영 강사님께서는 불안과 설렘은 어떻게 보면 동전의 양면처럼 함께할 수 없지만, 떼려야 뗄 수 없는 관계라고도 말씀하셨다. 발표나 강의를 하다 보면 불안이 설렘으로 바뀌는 순간이 온다고 하셨다. 불안이 설렘으로 바뀌는 그 순간은 바로 사람들에게 환호와 박수를 받았거나, 칭찬을 받았을 때라고 한다. 그렇게 긍정적인 경험이 생긴 사람은 '또 해 보고 싶다'라는 생각이 든다. 그러니 실패를 하더라도 끈기를 가지고 집중하라고 하셨다. 집중을 지속할 수 있게 만드는 힘은 바로 끈기라며, 성공한 사람들은 공통적으로 자신의 일에 끈기 있게 집중했다고 말씀하셨다.

처음에 스피치 과제로 내가 발표하는 모습을 영상으로 처음 찍어 보았던 그때가 생각났다. 3분 동안 나의 경험담을 발표하는 숙제였다. 처음에는 대본을 읽었다. 읽었을 뿐인데도 3분이라는 시간이 초과된다. 다시 내용을 줄였다. 안 보고 해 보려니 첫 소절부터 생각이 안 나고 막혔다. 다시 반복해서 영상을 찍어 보니 말이 안 나오고 버벅거렸다. 긴장하는 내 모습이 그대로 보였다. 다시 또 찍어서 더 살펴보고 그다음 날도 출근하면서, 또 퇴근하고서도 다시 영상을 찍어 봤다. 그렇게 몇 번 찍다 보니 자신감이 생기고 자연스럽게 발표 내용을 외우게 되었다. 이 영상 3분을 찍기 위해 며칠이 걸렸다. 3분이라는 시간 안에 내가 전달하고자 하는 내용이 들어가야 한다. 3분 스피치의 중요성도 알게 되었고, 강사님들이 대단하다는 생각도 들었다. 3분을 찍기 위해 나는 며칠이 걸리는데 한 시간을 강의하기 위해서는 얼마나 많은 자료 준비와 에너지가 필요할까. 강사님이 위대해 보였다.

그러면서 다짐했다. 나도 그 위대함에 동참하리라. 디지털 문맹을 탈출하고 발표불안을 극복한 스피치 강사로서 60~70대 이상의 시니어들에게 등대가 되는 '디지털 튜터'가 되고 싶다. 선한 영향력으로 디지털 문맹인 그들을 돕고 싶다. 그것이 내 꿈이다.

장기 요양 시설에서는 3년에 한 번씩 평가가 있다. 국민건강공단에서 시설을 평가하러 나온다. 시설이 잘 운영되고 있는지, 어르신에게 노인 학대가 있는지 등등 여러 항목을 평가한다. 2021년에 진행하려던 평가를 코로나로 인해 2022년에야 받았다. 평가단이 와서 평가 항목대로 우리에게 물어본다. 나는 떨지 않고 물어보는 대로 대답을 잘했다.

그리고 2021년 정기 평가 결과가 2023년도 3월에 나왔다. 최우수 시설이다. 3년 연속 최우수 시설이며, 전국 순위 안에도 들었다. 처음 평가를 받는 날이 생각난다. 간호팀 대표로 평가단에게 설명하는데 목소리에 힘이 없고 자신감이 없었다. 그러다 보니 '우수'평가를 받은 것 같았다. 대표로서 잘 해내지 못한 것 같아서 직원들에게 미안했다.

지금은 달라졌다. 이제는 웃으며 자신 있게 말할 수 있다. 지금 발표하는 것이 두렵고 무섭다면 도망치지 말고 부딪혀 보자. 내가 그랬던 것처럼 당신도 해낼 수 있다.

타인에게 인정받고 싶은 마음 버리기
(최향미)

나는 왜 그렇게 발표에 스트레스를 받았을까?

사람들 앞에서 발표하고 나면 며칠 동안 마음이 진정되지 않았다. 그 속에는 남에게 잘 보이고 싶어 하고, 인정받고 싶어 하는 욕구가 있었다. '잘하고 싶다. 남들에게 잘 보이고 싶다.' 이런 마음이 강하게 있었던 것이다.

내 능력이 지금 50인데 타인이 100으로 봐 주기 바랐다. 내가 가진 능력 이상을 해내려고 했을 때 오히려 많이 긴장되고 떨렸다.

'실수해도 괜찮아. 긴장할 수도 있지. 긴장해도 괜찮아.'

생각을 다르게 가졌다. 긴장되는 마음을 인정해 주자 마음이 한결 편안해졌다. 타인에게 인정받고 싶은 마음을 강물에 흘려보내듯 떠나보내자 더는 떨리지 않았다.

아토피를 주제로 강의를 할 때 가장 어려웠던 부분이 스토리텔링 감정을 이야기하는 것이었다. 살면서 남에게 감정을 드러내고 이야기한 적이 별로 없었는데, 발표하려니 너무 어려운 이야기였다. 나의 감정을 이해하기 위해 럭키왕 님께 명상을 배웠다.

처음에는 명상 호흡에 집중하기 어려웠다. 조용히 앉아서 호흡에 집중하자 마음이 고요해졌다. 머릿속에 떠오르던 많은 잡념이 사라지기 시작했고 경험하지 못한 평안함을 느꼈다. 잘하려는 조급한 마음을 버리고 하나씩 연습해 보니, 상처받을까 봐 두려워하는 내면 아이의 마음이 보였다. 나의 마음과 마주하는 시간을 가지면서 마음의 목소리에 귀 기울였다. 알아차림으로써 불안감이 줄어들기 시작했고, 지금 이 순간을 행복하게 사는 것에 관심을 돌릴 수 있었다.

명상하면서 세상을 바라보는 시각이 따스하게 달라졌다. 명상은 나를 있는 그대로 인정하고 사랑하는 시간이다. 숨을 내쉬고 들이쉬며 내 안의 호흡을 느낄 때면 마음이 편안해진다. 급했던 성격이 느긋해졌고 마음이 평온해졌다.

옷에 김칫국물이 떨어졌을 때 바로 씻으면 깨끗하게 없어진다. 씻지 않고 오래 놔두면 얼룩이 생긴다. 마음 또한 하루 동안 스트레스받았던 감정들을 씻지 않으면 마음에 얼룩들이 생긴다. 나도 하루 10분 명상으로 마음을 깨끗이 닦는 연습을 했다. 명상으로 편안해진 마음은 발표에도 많은 도움을 주었다.

나는 자기 전 감사 일기를 3가지씩 썼다. 몇 년 전 아이를 키우면서 좋은 엄마가 되고 싶어 존경하는 유재희 선생님께 감정 코칭을 배웠다. 수업을 들으며 부정적으로 봤던 일들을 긍정적으로 보는 힘이 생겼다. 아이가 힘들 때 편안하게 쉴 수 있는 쉼터가 되어 주겠다고 다짐했다. '내가 원하는 아이'가 아니라, '아이가 원하는 삶'을 살아가게 하고 싶었다. 온전히 아이 자신을 위한 장점을 키워 줄 수 있는 엄마가 되고 싶었다.

그때 감사 일기 숙제가 있었다. 하루에 3가지씩 자기 전에 감사 일기를 쓰는 숙제였는데, 이젠 습관이 되어 지금도 계속해서 몇 년째 감사 일기를 쓰고 있다. 매일 감사하던 습관은 작은 일에도 감사하는 사람으로 만들었다. 우리 사랑하는 딸이 이렇게 건강하게 잘 크는 것도, 남편이 건강하게 회사 잘 다니는 것도, 먹을 음식과 따뜻한 집이 있다는 것도, 내가 살아서 숨 쉬는 것도 모두 감사했다. 감사하는 습관은 스트레스를 줄이고 부정적인 감정을 사라지게 했다.

발표를 잘하기 위해선 자신감도 필요했다. 자신감은 수없는 연습과 반복을 통해 얻은 좋은 결과로 긍정적인 기억을 만들어 낸다. 나는 발표를 하거나 강의를 할 때 "나는 얼굴에 철판을 깔겠어."라고 말하는 순간 두려움이 많이 감소하였다. 또한 강의는 되도록 큰 목소리로 천천히 하려고 한다.

멘탈 스피치 '나사랑'에서는 아침마다 확언하고, 하루 동안 느꼈던 감사와 스스로를 향한 칭찬, 그리고 자신에게 주는 선물로 하루를 마무리한다.

확언은 나의 신념을 더 단단하게 만들었고, 스스로를 칭찬하는 일은 얼었던 내 마음을 녹이는 따뜻한 난로가 되었다. 나에게 주는 선물은 소소하지만, 그 누가 주는 선물보다도 달콤했고 훌륭했다. 따뜻해진 마음은 다른 사람의 마음을 녹이는 손난로가 되어, 주변 사람들이 나로 하여금 기분 좋은 마음을 느끼도록 해 주었다. 그렇게 우린 모두 서로 이어져 있었다.

타인에게 인정받고 싶은 마음을 내려놓고 스스로 존중하고 사랑하자 많은 것들이 달라졌다. 지금의 모습 그대로 인정하겠다는 선택은 당신을 행복의 길로 인도할 수 있다. 편안함과 평온함을 느끼니 모든 일이 즐거웠다.

인생은 사랑이었다.

5장

내 삶을 말한다는 것

내 안의 거인을 깨우다
(강은영)

코로나19가 터지고 스피치 수업을 대면으로 할 수가 없었다. 그렇다고 코로나가 끝날 때까지 기다릴 수가 없었다. 스피치 수업을 온라인으로 한다고 했을 때 "잘될 거야."라고 말해 준 사람이 없었다. 많은 이가 "스피치는 대면 수업으로 해야지."라고 말하며 나를 비웃었다.

나는 다른 사람들 말에 크게 흔들리지 않는다. 내가 옳다고 생각하면 바로 결단하고 선택하는 사람이다. 해 보지도 않고 물러서고 싶지 않았다. 2022년 4월에 멘탈 파워스피치를 인스타에 처음으로 론칭했다. 처음엔 아무 반응이 없었다. 그래도 포기하지 않았다. 어떻게 하면 멘탈 파워스피치를 알릴 수 있을까. 종일 고민하다가 갑자기 이은대 대표님(자이언트북컨설팅 대표)이 생각났다.

"대표님, 자이언트에서 무료 특강을 할 수 있게 해 주세요."라고 부탁을 드렸다. 흔쾌히 승낙해 주시고 응원도 해 주셨다. 처음으로 잘될 거라고 응원해 주신 분이다.

짧은 시간에 100명이 넘는 사람들이 무료 특강을 신청했다. 발표 불안을 어떻게 하면 극복할 수 있는지 2시간 동안 열강을 했다. 특강이 끝나고 많은 분들이 수강 신청을 해 주셨다. 이렇게 해서 멘탈 1기 온라인 수업이 시작됐다. 지금은 멘탈 14기까지 진행되고 있다. 코로나가 조금씩 풀리면서 지금은 대면 수업을 하고 있지만, 온라인 수업이 더 잘되고 있다.

멘탈 파워스피치 수강생들이 많아지면서 '멘탈파워성공스쿨'이라는 커뮤니티를 만들었다. 서로의 성장을 응원해 주는 커뮤니티다. 멘탈파워성공스쿨 보배님들과 함께 멀리 가고 싶다.

2023년 1월부터 강의가 많아지면서 바빠지기 시작했다. '앞으로 잘될 일만 남았구나'라고 생각하니 행복했다. 신기하게도 일이 잘 풀리면 항상 브레이크가 걸린다. 둘째 아이가 대발작을 일으키면서 또 쓰러졌다. 서울대학교 어린이병원에 입원까지 할 정도로 심각했다. 수업을 할 수가 없었다. 모든 수업이 전부 중단되었다.

'잠시 쉬어 가라고 하는구나.'

모든 것을 받아들이고 아이 간호에만 집중했다. 병원에는 아픈 아이들이 많았다. 병원에 있는 동안 경제적으로 어려워 수술을 받지 못하고 약도 살 수 없는 아이들이 많다는 걸 알게 됐다. 아픈 아이들을 돕고 싶었다. 어떻게 하면 내가 도울 수 있을까. 퇴원을 하자마자 바로 기부 특강을 열었다. 내가 할 수 있는 건 내 재능을 팔아서 기부를 하는 것이었다. 많은 분들이 함께해 주셔서 첫 기부 특강을 잘 마칠 수 있었다. 특강이 끝나고 수익금을 뇌전증협회에 기부했다. 바로 협회에서 기부증서를 보내 주셨다. 기부증서를 보는 순간 뭉클함이 밀려왔다. 기버(giver)의 삶이 이렇게 행복한지 몰랐다.

성공한 사람들은 모두 기버의 삶을 산다. 그들은 자신의 경험을 기꺼이 나누는 사람들이다. 나는 기부뿐 아니라 나의 발표불안 극복 경험도 나누고 있다. 내가 받는 것보다 수강생들에게 더 많은 가치를 제공하고 있다. 더 큰 것을 얻는 비결은 주고 또 주는 것이다. 남을 돕는 일은 단순히 그들을 위한 것이 아니라, 자신에게도 유익한 일이다.

수업 시간에 '내가 살면서 가장 잘한 일이 무엇인가요.'라는 주제로 발표를 한 적이 있었다. 수강생들 모두가 나를 만난 것이라고 하는 게 아닌가. 순간 눈시울이 붉어지고 코끝이 찡해졌다. 더 나를 감동하게 만든 건 한 수강생의 후기였다.

"수업을 통해서 열등감의 뿌리를 알고 나니 그동안 발표할 때 왜 힘들어했는지 깨닫게 되었습니다. 항상 긴장하며 살았던 제가 안쓰러웠어요. 강사님을 만난 건 다 이유가 있다고 생각합니다. 불안의 임계점을 찍고 올해는 터닝 포인트의 시간이 될 수 있을 거라 믿습니다. 어두울 때라야 별이 빛나고 새벽이 오기 전에 가장 어둡듯이 그동안 힘들었던 만큼 더 높이 점프할 수 있을 것 같습니다. 왜냐하면 강사님을 만났기 때문입니다. 강사님을 만난 건 로또 당첨입니다."

'로또 당첨'이라는 글자에 눈길이 오래 머물렀다. 그때 느꼈던 감동이 아직도 생생하다. 수강생들에게 나의 경험을 나누고 베풀면 이렇게 큰 감동 후기로 보상을 받는다.

만약 내가 발표불안이 없었다면 강사가 될 수 있었을까. 신이 나에게 발표불안을 준 이유가 있다고 생각한다. 발표불안으로 힘들어하는 사람들뿐 아니라 아픈 사람들을 도우며 살라고 고통 속에 기회를 숨겨 놓으신 것 같다. 고통과 시련의 담금질을 거치면서 나는 단단한 강철 멘탈을 갖게 되었다. 나의 경험으로 수강생들은 발표불안 극복뿐 아니라 인생의 변화까지 맛보았다. 한 번도 자신에게 사랑한다고 말해 본 적이 없었던 분들이 매일 자신에게 '사랑해'라고 말한다. 패배주의에 빠져 자신감이 없었던 분들이 매일 '할 수 있다'라고 외친다. 수업 시간에 우시는 분들도 있었고, 불안의 원인이 무엇인지 찾아서 속이 후련하다고 하신 분들도 있었다. 이런 모습을 볼 때마다 더 선한 영향력을 끼치고 싶어졌다.

나에게 가장 큰 약점이었던 발표불안이 지금은 강점이 되었다. 그동안 부족하고 재능이 없었던 게 아니라 내 안에 잠자고 있던 거인을 깨우지 않았던 것이다. 앞으로 내 안의 무한한 잠재력을 믿고 선한 영향력을 끼치면서 가치롭게 살고 싶다.

경험과 기회는 한 끗 차이
(강이청)

멘탈 스피치 수업을 듣고 났더니 갑자기 '미소 셀카'를 찍으라고 하신다. 카메라 사진첩에 내 사진도 없는데 '치아 미소'라니……. 대학 졸업 후 약 15년 만에 아들과 셀카를 찍어 피드에 올렸더니 마치 나를 기다리기라도 했다는 듯 친구들의 반가운 댓글이 이어졌다. 종종 내 사진을 찍어 사진첩에 저장해 보았다. 여전히 무표정이었지만 조금 더 웃어 보기로 했다. 웃어야 복이 온다고 했다. 밝은 빛을 뿜어내는 사람이 되고 싶었다.

거절받는 것이 두려운 이 심정들은 자꾸만 나를 옥죈다. 끝없이 나는 완벽하게 잘해야 하고, 잘 보여야 하고……. 근 40여 년 가까이 살면서 나름 터득한 것이 몇 가지 있다. 내가 나를 알아주고(내가 하고 싶은 게 뭔지, 싫어하는 게 뭔지, 좋아하는 게 뭔지, 어떤 것을 잘하는지 등) 나의 실수 등을 포함해 나 자체를 인정해 주고 위로해 주기. '토닥토닥, 영차, 영차!' 나와 함께해 줄 동지 같은 사람을 곁에 두기. 사람은 내가 마주한 상황, 공간, 배경에 영향을 받는다. 왜 사람들도 끼리끼리 논다고 하듯이 응원과 힘을 실어 주는 커뮤니티에 속해 있으면 좋은 기운과 응원을 억지로라도 받게 된다. 정보

력과 배움은 플러스! 그런 곳에 있어야 내가 성장할 수 있고, 쉽게 무너지지 않을 힘이 생긴다. 커뮤니티의 힘이 나의 힘이라고 누가 그랬다. 혼자 할 수 있는 일과 함께 할 수 있는 일은 다르다. 그 파워도 다르다.

'걱정 인형'이라는 게 있다. 내 곁에 두고 있으면 내 걱정을 인형이 대신 먹어 준다고 믿게 되는 그런 인형 말이다. 내 걱정 인형은 멘탈 스피치 보배님들이신 것 같다. (멘탈파워성공스쿨 가족들은 서로를 '보고 배운다'고 해서 '보배'라 부른다. 말뜻 그대로 서로 귀하고 소중하며, 꼭 필요한 사람이라는 뜻도 있다.) 커뮤니티 안에서 부담 없이 서로를 걱정해 주고 칭찬과 감사, 응원의 릴레이를 이어 간다. 그것도 매일이 그렇다. 서로 힘을 받고 공감하며 마음을 열 수 있는 건 나와 비슷한 사연, 사정, 상황 등 서로의 속사정을 알고 있기 때문이 아닐까?

'내가 잘하는 것 하나만 있으면 자존감이 올라간다.' 그리고 '나와 결이 잘 맞는 커뮤니티 한 군데만 있어도 자신감이 생긴다.' '멘탈파워성공스쿨' 커뮤니티는 친정 같은 편안함과 든든함으로 내 배경이 되어 준다. 마음을 나눈다는 것은 정말 이런 거구나……. 이 커뮤니티에 와서야 알았다. 못해도 잘한다, 잘한다, 추켜세워 주고, 보이지 않으면 찾아 주고 걱정해 준다. 바빠서 자주 오지 못해도 다시 돌아오면 기다렸다는 듯 반겨 줄 사람들이 있는 곳.

온라인에서 강의를 하게 되었다. 코로나로 인해서 쉬었던 새로운 세상들의 문이 열리며 당장 발등에 불이 떨어졌다. 앞으로 내가 해야 할 오프라인 강의는 더 많아질 텐데.

이틀 전부터 떨렸던 마음과는 달리 그냥 멍하게 있었다. 닥치면 해 버리는 성격 때문에 하루 전에야 PPT를 완성하고, 강의 30분 전에야 리허설을 했다. 10년. 별생각들이 짧은 찰나에 많이도 떠올랐다. 다시 제정신을 차렸다. 그까짓, 다 경험이야! 남을 가르쳐야 내 실력이 는다고 했어!

강의가 시작되고 스피치 시간에 배운 내용들을 머릿속에 순서대로 떠올려 봤다. 심호흡을 했다. '할 수 있다' 복식 호흡을 하려고 노력했지만, 자꾸만 말이 빨라져서 호흡 곤란도 한 번씩 왔다. 준비된 강의를 끝내고 나니 긴장이 풀려 손, 발, 다리가 떨렸다. 다른 사람들은 파르르 떨리던 내 손가락을 못 봤겠지?

걱정했던 것보다 강의 평은 괜찮았다. 내가 생각했던 것보다 남들 보기엔 떨지 않았다고 했다. 차분하게 자세히 설명도 잘해 주었다는 평이 주를 이뤘다.

시작 전부터 걱정했던 내 모습이 생각나 웃음이 나왔다. 발표불안 수업을 들으면서 어느 정도 안정되었다고 생각했는데, 불안이란 놈은 얄밉게도 긴박한 순간에 한 번씩 튀어나온다. 이렇게 부딪치고 경험해 보지 않으면 나에 대한 평들도, 내가 사람들에게 어떻게 비치는지도 몰랐겠지.

사실 기회는 항상 내 주변에서 맴돈다. 준비된 자만이 그 기회를 언제든 활용할 수 있다고 했다. 나는 '브랜딩', '원씽', '스토리텔링'이 지금도 참 어렵다. 하나로는 만족을 못 하고, 동시다발적인 배움을 원한다. 포기도 빠르다. 나와 성향이 맞지 않는 건 바로 포기한다. 그것 역시 나를 위한 선택이기 때문이다. 덕분에 나에게 맞는 몇 가지를 조합하며 실행해 보니 보이지 않던 브랜딩이나 스토리텔링이 자리를 잡아간다. 다양한 경험 세팅만이 나의 발전 속도를 가속화한다.

타 커뮤니티의 운영진을 맞고 있을 때였다. 운영진은 누가 시키지 않아도 늘 할 일이 많다. 어딜 가든 거의 막내 대열이라서 이런 걸 해 볼 생각도 안 했는데, 코로나가 풀리면서 술자리며 모임이 많아졌다.

이미 모임을 시작하기도 전에 불현듯 이런 생각이 스쳤다. '막내라서 내게 한마디 시키는 것 아냐?'

그런데 세상에! 스피치 수업에서 발표했던 그 건배사를 나에게 시키는 게 아닌가! '예상 적중'이 이럴 때 쓰는 말인가 보다. 번개 치듯 짧은 시간에 내용의 흐름을 떠올렸고, 머릿속에 키워드가 떠올랐다. 짜릿했다. 그 와중에 복식 호흡도 했으며, 사람들 눈도 더러 쳐다봤다. 심지어 하고 나서는 말을 잘한다는 감격적인 평까지 들었으니, 누구보다 감사한 강은영 강사님에게 이 사실을 빨리 알려 드리고 싶었다.

멘탈 스피치 이야기방에 경험담을 쏟아냈다. 함께 기뻐해 주시고 칭찬해 주시는 보배님들의 말에 기분이 좋아서 어깨가 들썩들썩했다. 스스로 잘했다고 내 어깨를 감싸 토닥토닥해 주었다. 잘했어! 넌 정말 최고야! 스피치 수업을 듣지 않았더라면 무턱대고 머릿속에서 나오는 말들만 주저리 쏟아 냈겠지. 말도 버벅거리고, 꼬이는 내용들에 말도 헛나오고……. 해야 할 말도 잊었을 것이다.

나는 길거리에서 스피치 학원 간판을 볼 때면 저런 것도 배우나, 했던 사람이었다. 많은 대중 앞에 나서서 이야기할 일이 없었던 사람이었기 때문에. 그러나 이제는 생계를 위해 강의를 해야 했다. 필요했다, 떨지 않고 말할 수 있는 방법이. 아마 약이 있다면 약을 먹었겠지.

스피치 수업을 신청했던 나의 결정이 맞았다! 준비된 사람에게 기회가 보인 것이다. 일단 '시작!'이라고 외쳐 보자. 당당하게 말하자! 나는 뭐든 할 수 있는 사람이다!

목표가 생겼다.

사실 나보다 더 힘든 장애 부모들에게 차라리 내 사정은 부러움의 대상일 수도 있겠다는 생각도 든다. 한 번씩 그런 생각을 하면 내가 엄살 부리는 것 같아 죄송스러운 마음도 든다.

나와 같은 처지에 있는 사람들에게 힘이 되어 주기. 말을 못 할 뿐이지, 집마다 남모를 사연 하나씩은 다 있다고 하더라. 말을 할 데가 없을 수도 있다. 내가 그랬으니까. 잠시나마 힐링이라는 것을 알게 해 주고 싶고, 나만의 시간을 갖게 해 주고 싶다. 배움을 나누고 싶고, 함께 이겨 나가고 싶다.

나는 아직도 더 열심히 배워야 할 이유가 있다.

말하면서 살아가는 것
(김경희)

인간은 태어나는 동시에 말을 한다. 뱃속에서 나오는 동시에 스스로를 알리기 위해 울음으로써 말을 대신한다. 사람에게 있어서 말하기란 자신의 마음을 전하는 행위다. 때로는 나를 표현하는 유일한 수단이기도 하며 인간의 가치를 전달하는 행위다. 그런 의미에서 나는 어떻게 말하며 살아가고 있는지 가끔 그 궁금증이 고개를 내민다.

나는 평소에 말을 잘하는 사람을 보면 심하게 부러워했다. 조리있게 말하는 사람을 보면 넋을 놓고 빠져든다. 마음 저 깊은 곳에서 말을 잘하고 싶은 욕망이 간절하게 꿈틀거리는 것이 틀림없다. 욕망과 달리 서투른 나는, 생각이 쉽사리 정리되지 않는 탓에 말이 늘 뒤죽박죽이다. 핵심을 꼬집어 얘기할 줄 몰랐고 사설은 길었다.

사람들은 작가는 잘 말하는 사람이라고 했다. 머릿속에 엉켜진 다양한 생각을 정리하여 그것을 목소리든 글이든 여러 수단을 통해 말할 줄 아는 사람, 그것이 작가이기 때문이다. 그것은 내게도 오랜 꿈이었다. 작가는 글만 잘 쓰면 되는 줄 알았다. 하지만 그게 아니었다. 작가가 되려면 세상 모든 사물과 현상을 이전과는 다른 시각과 폭넓은 사고로 봐야 했다. 나를 객관적으로 마주할 수 있어야 하며 감정에 치우치기보다 멀찍이 한발 뒤로 물러나서 볼 수 있는 관조의 여유도 가져야 한다. 이런 태도들의 종합이 스스로 생각을 정리할 수 있게 만들어 주는 작가의 자격이다. 결국 말을 잘한다는 것은, 어질러진 집을 정리하는 숙련된 주부처럼 엉켜진 생각을 잘 정리한다는 것이다.

글을 잘 쓰지도 말을 잘하지도 않았다. 그저 하루를 성실하게 살아가는 것, 남들보다 이른 시간에 일기 한 줄 끄적이는 것, 블로그에 짤막한 글 한 편 올리는 게 전부였다. 성실한 날들에 생겨난 감정, 여러 상황을 마주한 내 태도, 토해내지 못한 복잡한 생각들. 펜 속의 잉크와 서투른 키보드의 끄적임으로 그 여러 가지의 것을 한데 모아 정리했다. 여전히 잘 쓰지도, 잘 말하지도 못하는 나지만, 하루하루 뭉툭한 일상의 감정들을 날카롭게 다듬는다면 훗날엔 나도 작가라는 이름에 부끄럽지 않은 사람이 되어 있으리라 생각한다.

반드시 그럴 것이라고, 내면의 나에게 '나는 작가야!'라고 외쳐도 어색하지 않게 말이다.

생각해 보면 나의 꿈들은 말하기와 관련이 참 깊다. 삶의 긴 역사 속에서 나의 이야기를 잘 들어 주고, 편안하게 말을 해 주는 사람은 많지 않았다. 아들과 나를 상담해 준 심리 상담사 한 분이 그중 한 명이었다. 그녀는 높지 않은 톤과 나긋한 말투로 내 속의 상처와 묵은 감정들을 하나씩 끌어내 주었다. 편안한 대화는 또 하나의 치유였다. 그녀처럼 누군가를 치유하는 상담사가 되고 싶다는 꿈을 가지게 된 것은 그때부터였다.

나도 그런 사람이 되고 싶었다. 온기 넘치는 말들로 누군가의 상처를 따뜻하게 감싸 주는 하나의 약이 되고 싶었다. 좋은 대화를 위해 작은 습관들을 고쳐 나갔다. 특히 아들과의 대화에서 그 훈련을 많이 했다. 다소 억지스러운 상황에도 아이들을 응원했다. 아이들이 해 나가는 행동과 그 근거에 지지를 표했고, 승리를 빌었다. 불필요한 말은 아꼈다. 내게 상처보다 온기와 희망을 얻길 바랐다. 좋은 상담사와 동시에 좋은 엄마가 되어 고독하게 추운 날에 그저 내게 와 안길 수 있는 둥지이길 바랐다. 재잘거리며 우는 귀여운 참새들을 품 안에 가득 안으면서 말이다.

큰아들은 또래의 아이들처럼 다가올 막연한 미래에 대해 걱정하는 날이 많았다. 혼자 속으로 끙끙 앓다 한 번은 나를 찾아와 힘듦을 말했다. 부담스러운 위로와 조언을 싫어하는 큰아들을 위해 나는 담백하게 몇 마디의 말로 위로했다. 넌 뭐라도 해 먹고 살 테니, 지금의 무거운 걱정은 맛있는 음식으로 잠시 내려놓아도 좋다고. 작은 한숨을 내쉬며 조용히 방으로 들어간 아들은 다음 날 그 대책 없고 담백한 위로에 힘을 얻었다며 고마움을 표했다. 별거 아닌 그 말은 아이의 불안을 잠시나마 덮어 주었나 보다 생각하며 나는 웃었다.

그날 이후 나는 어떻게 말하며 살아왔는지 다시금 정리해 보았다. 자신감보다 부러움과 욕심이 커서 내가 하고 싶었던 말과 생각은 부끄럼 많은 아이처럼 쉽게 모습을 나타내기 힘들었다. 서툴러도 조금씩 노력하려 했다. 자신감을 키우는 건 화려한 기술이 아닌 우직하게 쌓여 가는 든든한 하루들이었다. 때로는 그런 우직함이 누군가의 마음을 위로함으로써 웃음 짓는 날도 있었다. 작은 하루들이 나를 점점 변화시켰다. 서툴지만 나의 말하기는 점점 자라나고 있다.

앞으로의 나는 어떻게 말하며, 무엇을 말하며 살아가야 할까. 놓치고 싶지 않은 나와 우리 모두의 선명한 꿈을 응원하며 살아가려고 한다. 지겹겠지만 늘 찾아오는 누군가의 아침을 응원하며 살아가려 한다. 목표를 향한 모두의 서툰 한 발짝을 지지하며 함께 걸어가려 한다. 바삐 뛰어가다 넘어질 때, 내밀어 주는 손처럼 따뜻하게 말하며 살아가려 한다. 늘 따뜻하게 사랑을 말하며 살아가려 한다.

어제의 나보다 오늘의 내가 한층 더 성숙해지는 그런 날이 오길 기대하면서. 나는 오늘도 거울 속의 나에게 속삭인다. 믿음과 신념으로 당당하게 말하는 그날이 어서 오라고. 난 그런 내가 좋다.

5-4 잘한다고 인정받고 싶은 욕심쟁이
(김소진)

가끔 한 번씩 친구들을 만날 때면 자기 계발을 하며 열심히 살았다고 털어 놓곤 한다. 친구는 이런 나를 보고 왜 그렇게 힘들게 사냐고 했지만 나는 이제라도 당당한 커리어 우먼으로 살고 싶다고 말했다.

나는 하고 싶은 것이 많다. 주변 지인들에게 잘한다는 말도 듣고 싶고, 잘난 척도 하고 싶다. 나는 욕심쟁이다. 안 되는 건 인정하고 내가 할 수 있는 것에 집중해야 발전이 빠르다는 것을 알면서도 큰 벽을 만나면 포기하고 또다시 도전을 반복한다. 발표불안이 그랬다.

어릴 때 나는 존재감이 없었다. 동생은 막내라고 엄마, 아버지의 사랑을 독차지했다. 언니, 오빠들은 크다고 대우해 주었다. 난 항상 어느 쪽이나 어중간한 위치였다. 조용히 있어야 했고, 양보라도 해서 마음이 넓고 좋은 사람이 되어야 했다. 그뿐이었다. 상을 받고 인정받는 것은 동생, 언니, 오빠들이었다. 동생한테는 져 줘야 하고, 언니 오빠에게는 대꾸하면 안 되는 사람이었다.

나는 관심을 받고 싶어서 봉사하는 삶을 선택했다. 누구에게나 잘하는 사람이라는 인상을 주고 싶었다. 나보다 못하는 친구들에게 친절하게 대해서 내 편을 만들었다. 불쌍한 사람을 보면 천사의 가면을 쓰고 도와주곤 했다. 본래의 나는 욕심 많고 남한테 지는 걸 싫어하는 성격인데 그것을 숨기고 살아온 내가 대단하다. 인간은 태어날 때 사회와 협력하는 법을 본능적으로 몸에 익히고 태어나는 것 같다. 나름대로 생존을 위해 환경에 맞혀 살아왔다. 하고 싶은 대로 살다가는 구박덩어리가 될 게 뻔하기 때문이다. 최대한 나만의 안전 구역을 만든 것이다.

학창 시절, 나는 나보다 공부 잘하는 아이를 좋아했다. 하지만 용기가 없어서 다가가지 못했다. 나보다 잘하는 것이 있으며 시샘도 났다. 공부 못하고 만만한 아이들에게만 접근해서 환심을 사고 친구를 만들었다. 짝꿍처럼 다니면서 절친을 만들었다.

친구 영애는 착하고 똑똑한 친구였다. 그녀는 엄마 장사를 도와야 했고 동생들도 챙겨야 했다. 맏언니로서 희생을 해야 하는 착하디 착한 친구다. 영애는 예쁘진 않지만 키도 크고 착하게 생겨 호감형이다. 모델처럼 날씬하게 생긴 다리가 예뻐서 부러웠다. 그런데 영애는 외려 나를 부러워하곤 했다. 우리 집은 동네에서 형편이 꽤 좋은 편이었다. 영애는 자기랑 친구를 해 줘 고맙다는 말도 여러 번 했다. 그 말을 듣는데 난감해서 나도 모르게 가정 형편은 우리 힘으로 어떻게 못 하니 부러워하지 말라고 어른스러운 말을 한

적이 있다.

"부모의 재산이지 내 재산이 아니잖아."

중학교 나이에 이런 말을 내가 하다니 나도 놀랐다. 사는 데 돈은 많은 영향을 끼치니 사실 부러운 건 부러운 것이다. 그때 나는 조금 부족하게 사는 친구들에게 더 잘해 주는 착하고 어른스러운 아이였다. 영애와는 매일같이 숙제하고 놀았다. 우리 집에서 숙제하다가도 영애는 동생들 걱정에 집에 가 봐야겠다고 가방을 챙겼다. 나에게도 영애 같은 언니가 있었으면 좋겠다고 생각했다.

영애는 발표할 때 눈에서 빛이 났다. 꼭 이겨 내야 한다는 의지를 보여 줄 것처럼 모든 일에 열정을 다했다. 연습을 많이 해서 그런 모습이 나올 수 있었을까. 지금에 와서 생각해 보면 아나운서 재능이 있었던 것 같다. 선생님이 영애를 보고 반장을 돕는 부반장을 하라고 한 적이 있는데, 영애는 자기는 엄마를 도와야 하니 못 한다고 했다. 그러고는 나보고 부반장을 해 보라고 권했다. 난 절대 못 한다고 몸서리를 쳤다. 혹시 선생님이 시킬까 봐 조용히 하라고 영애에게 화를 냈다. 다행히 부반장은 안 했다. 아니, 선생님은 내가 부반장 되는 것을 원하지 않았던 것 같다.

선생님이 꿈인 우리는 열심히 공부했다. 영애 집에 문제가 생기면 공부를 못 했지만 되도록 틈만 나면 같이 공부했다. 그때 엄마는 좋은 친구를 만나 공부한다고 영애를 좋아했다.

공부 잘하는 것도 중요하지만 영애처럼 똑똑하게 말을 잘할 수 있었으면 얼마나 좋을까. 집이 가난해도, 얼굴이 못생겨도 무시할 수가 없다. 자기의 의견이 확실하니 아무도 반론을 못 한다. 조리 있게 말한다는 건 내 생각이 잘 전달되어 상대의 공감을 얻는 것이다. 달변가처럼 멋지게 안 해도 하고자 하는 말을 정확하게 전달하는 게 더 중요하지 않을까. 말의 억양과 표정, 몸짓도 상대에게 많은 메시지가 된다. 매번 발표 연습을 하는 영애를 보고 너무 억척스럽다고 가끔은 속으로 욕도 했다. 그런데 지금은 '그때 영애를 따라 소리 지르며 발표 연습했더라면……' 하고 아쉬워하고 있다. 그런 억척스러운 성격을 배워야 했다. 영애는 지금도 발표를 잘할 것이다. 준비를 철저하게 하고 연습도 밤새도록 하는 영애. 아마 아나운서 같은 직업을 하고 있을 수도 있겠다.

당당하고 멋진 커리어 우먼이 되고 싶은 것은 아마도 친구 영애에게 한참 모자란 내 모습이 불만스러운 데서 온 것인지도 모른다. 아니면 가족들 틈에서 조용히 지내야만 했던 어린 시절 때문일까. 그때 하고 싶은 말을 하지 못한 욕구 불만이 크게 자리 잡고 있었던 것일 수도 있다. 자기 계발서에서 뭐든지 오랜 시간 연습하고 반복하면 전문가처럼 성공한다고 했다. 영애처럼 억척스럽게 연습해서 내가 바라는 당당한 여자가 되고 싶다. 스피치 재수강 안내가 뜰 때 제일 먼저 달려가 신청했다. 멋지다. 강은영 대표님의 가르침대로 차분히 말하는 내가 당당해 보이고 자랑스럽다.

이제 나도 발표의 좋은 기억이 쌓이기 시작했다. 친구들과 대화할 때도 이젠 뒤에서 조용히 듣고만 있지 않고, 하고 싶은 말은 하고 있다. 미리 준비하지 않아도 무슨 말이든 하고 있는 내가 좋다.

다음 주 스피치 수업에 결석하지 않고 꼭 들어가야겠다. 또 얼마나 많은 칭찬과 격려의 말을 듣게 될까.

"이제 나도 말 잘하는 여자야." 하며 소리 지르고 싶다.

"당신은 나한테만 큰소리치지? 다른 사람들에게는 대꾸도 못 하면서!" 하고 놀리던 남편이었다. 그런데 요즘은 글쓰기도 매일 하고 독서도 전투적으로 많이 하더니 말에 힘이 있고 설득력이 있다고 대단하다며 '엄지 척'을 해 주는 남편이다. 남편이 집에 오면 어떤 말로 시작해 볼까. 달변가 남편을 이겨 봐야 하는데. 밉상인 남편이 오늘따라 기다려진다.

작은 성공은 성장의 연료이다
(김수아)

앞서 언급했다시피 나의 현 직업은 발레 강사고, 대학원 박사 과정을 수료 중이다. 따라서 매일을 발표와 마주한다. 박사 과정이야 익숙하지 않으니 발표불안이 있을 수 있다고 생각했다. 그러나 내가 늘 해 오던 수업마저도 십 년 경력이 무색할 정도로 매일 무대에 오르듯 긴장했다. 나는 발표불안 해소가 절실했다. 수업을 가르치는 강사가 발표불안이 있다고? 혹여나 누가 알까 싶어 창피해 입 밖에도 못 꺼냈다. 나는 말을 잘하고 싶었던 게 아니다. 최소한 내가 하는 발레 수업에서만이라도 불편함 없이 시원하게 말하고 싶었다. 이러한 절실함이 나를 움직이게 했다.

그러나 스피치 강의를 듣고 연습도 해 봤지만 여전히 떨렸다. 당연히 첫술에 배부르길 바란 건 아니었지만 그래도 효과를 체감하고 싶었다. 여전히 수업 가기 전이나 발표하기 전에는 배가 아파왔다. 하루도 빠짐없이 긴장했고, 말을 더듬었다.

계속 이렇게 살 수는 없었다. 그리고 결심했다. 나는 반드시 벗어나리라!

매일 자존감 훈련을 했다. 수업 준비와 발표를 위해 끊임없이 연습했다. 말을 천천히 또박또박해 보려고 대본을 몇 번씩 읽었고, 발표 전날 리허설하는 것도 빼먹지 않았다. 수업 준비를 하면서도 순서가 생각이 나지 않을까 봐 수업 노트에 빼곡히 적어 가지고 다녔다. 남에게는 쉬운 일인데 나는 왜 이렇게까지 노력해야 하는 걸까. 단 하루의 수업과 발표를 위해 전전긍긍하고 있는 내 모습을 행여 누가 알게 될까 두려웠다.

하루하루를 고군분투하던 어느 날, 그날도 어김없이 수업 가기 전 배가 아파 왔다. 그러나 어쩐 일인지 그날은 배가 조금 아프다가 나아졌다. 어느 날은 땀이 덜 나기도 했고, 말을 또박또박 천천히 하는 날도 있었다. 그렇게 하루 이틀이 쌓였다. 또 1년이 지났다. 딱 어느 시점에서인지는 모르겠으나 하나 분명하게 변한 것이 있다. 발표 시 불안에 떨며 말하고 있지는 않다! 무엇보다 발표 전 아파 왔던 그 지긋지긋한 복통이 말끔히 사라졌다!

말을 최대한 줄이고 도망가듯 진행하던 내 수업들 역시 얼마나 열강을 했는지 강사 생활 10여 년 만에 처음으로 성대 결절이 왔다. 우연인지는 모르겠으나 스피치 수업과 함께 자존감 훈련을 했던 지난 1년 동안은 정말 생각지 못한 행운들도 많이 찾아왔다. 그해 수업들 대부분 정원이 꽉 찼다. 몇 개월을 대기하여 들어오기도 했다. 수강 문의가 계속되어 더 이상 시간이 없어서 못 하는 상황이 오기도 했다.

감사하게도 강의하고 있는 기관에서 명강사로 추천해 주신 덕에 발레 콘텐츠 촬영의 기회가 주어지기도 했다. 촬영이라니, 예전 같았으면 절대 안 한다고 했을 일에 도전했다. 차근히 수업 계획을 짜고, 대본을 만들어서 실제로 수업하듯 몇 번씩 리허설을 하며 연습했다. 준비 과정에 불안이 찾아왔지만 못 할 건 뭔가 싶었다. 성공적으로 촬영을 마쳤다. 그리고 마음속으로 크게 외쳤다.

"내가 해냈다! 해냈어!"

그렇게 또 한 번 작은 성공의 경험을 쌓았다.

수업하러 갈 때마다 마치 무대 위에 서는 것처럼 긴장했던 나였다. 이제는 수업하러 가는 길이 너무나도 즐겁다. 행복하고 감사하다. 분명 전과 같은 수업인데 내 마음은 확실히 다르다. 내가 이렇게나 달라질 수 있다니!

이제는 발표를 준비할 때 맹연습을 하지 않아도 전처럼 불안해하며 안절부절 하지 않는다. 나 스스로 불안함을 인정하고 그 불안함을 어떻게 조절할지 미리 대비를 할 수 있기 때문이다. 예전엔 발표불안 정도가 10점 만점에 12점이었다면 지금은 돌발 상황을 포함해 3점이라 하겠다. 발표할 때 전혀 긴장되지 않는 사람이 몇이나 있을까? 사실 발표는 그 누구라도 조금씩은 긴장된다. 나만 긴장하는 것은 아니다. 긴장감의 크기와 조절 능력이 다를 뿐이다. 그 긴장을 어떻게 조절하느냐, 활용하느냐는 오로지 나의 몫이다.

아직 발표할 때 불안하고 떨리는 마음이 있다. 그러나 내가 조절할 수 있다. 불안은 눈에 보이지 않는다. 모든 것은 내 마음이 만들어 낸다.

지금은 발표할 기회가 생기면 피하지 않는다. 일단 한다. 되도록 많이 경험해 보려 한다. 그 속에는 늘 작은 성공이 함께하기 때문이다. 이런 작은 성공 경험으로 벌벌 떨던 나도 조금씩 자신감을 찾아간다. 성공의 길을 가려면 그 길을 향하는 한걸음 한걸음이 중요하다. 나는 아주 작은 성공일지라도 또 한걸음 나아간 나 자신을 축하해 준다. 수고했다. 잘했다. 계속 응원하고 칭찬한다.

나의 발표불안의 근본적인 원인은 바로 자존감이었다. 자존감이 생기니 편한 상대에게 이야기하듯 말이 술술 잘 나왔다. 이렇게 근본적인 문제를 해결하지 않은 채 말하기 연습만 죽어라 했더라면 지금과 같은 발전이 있었을까. 발표불안에서 벗어나기를 간절히 바라는 사람이 있다면 반드시 자존감 훈련과 함께 스피치 연습을 해 보길 권한다. 자존감이라는 뼈대를 세우고 연습이라는 벽돌을 하나하나 쌓아 올려 건물을 짓는다. 그렇게 기초부터 튼튼히 다진 건물은 절대 쉽사리 무너지지 않는다.

지금은 말을 할 때나 발표를 할 때 실수를 하더라도 남이 나를 어떻게 보는지 신경 쓰지 않는다. 남은 나의 불안과 실수에 대해 관심이 없다. 나는 스스로 당당하다. 나를 믿어 주는 든든한 나 자신이 있기 때문이다. 그럴수록 나의 자존감은 올라갔고, 동기 부여가 되었다. 여전히 나는 작은 성공들을 축하하고 있다. 그리고 이 작은 성공들을 더 큰 목표로 향하는 연료로 사용하려 한다. 작은 성공은 늘 존재한다. 이렇게 매일 성장의 연료를 비축해 놓고 하늘로 날아갈 때 쓰자!

수업 도중 온몸에 땀이 줄줄 났던, 양 울음소리를 냈던 나였다. 그랬던 내가, 이제는 더 이상 불안하지 않다 말하고 있다. 이런 나도 단 1년 만에 벗어났다. 절대 못 할 줄 알았던 나도 했다! '반드시' 벗어나리라 결심했다. 나를 바꿀 수 있는 사람은 나밖에 없다. 절실함에 더해 벗어나겠다는 결심만 있다면 그 누구라도 발표불안을 극복할 수 있다고 확신한다.

5-6	**자신감 넘치고 당당한 나라서 행복하다** **(김태경)**

지금의 나는 완벽하게는 아니어도 발표불안에서 많이 자유로워 졌다. 예전에는 새로운 모임 장소에도 아무 준비 없이 나갔다. 요즘은 '만약에 자기소개를 하게 된다면? 어떤 말을 할까?'라고 생각 해 보고 준비하고 나간다. 아무 준비 없이 즉흥으로 말을 잘하긴 어렵기 때문이다.

스피치 수업을 할 때도 즉흥 스피치를 하는 시간이 있다. 즉흥 이라고는 하지만 그래도 주제를 하나 제시해 주고 약 1분 정도의 생각할 시간을 준다. 내가 말할 내용의 키워드들을 적어 놓았다가 바로 발표에 들어가는 것이다. 사실 이 시간이 긴장되고 불안해서 스트레스를 많이 받았다. 그런데 요즘은 갑자기 하게 되는 즉흥 스 피치에도 자신감이 붙었다. 얼마 전 즉흥 스피치의 주제는 '나는 언제 가장 행복한가?'였다. 나는 내 생일날 캘리 선생님께서 해주 신 감동 이벤트에 대해 발표했다.

"안녕하세요! 프로 칭찬러 김태경입니다. 제가 언제 가장 행복했 는지 생각해 봤는데요. 작년 제 생일날이 떠올랐어요. 그날은 캘 리그래피 수업을 가는 날이었어요. 선생님께서 케이크와 커피, 다

이어리를 준비해 놓으셨더라고요. 더 감동적이었던 것은 꽃길이었어요. 공방 입구에서부터 예쁜 색깔로 물들인 안개꽃으로 꽃길을 만들어 놓으셨더라고요. 남편한테도 받아 보지 못한, TV 드라마에서만 볼 수 있었던 멋진 이벤트였어요. 저는 아주 우아하게 그 길을 걸어서 공방 안으로 입장했지요. 이렇게 깜짝 이벤트를 해 주신 선생님의 정성에 저는 눈물이 날 뻔했어요. 오늘 행복했던 일을 생각하다 보니 그날이 떠올랐는데요. 저는 '이렇게 좋은 사람들이 옆에 있을 때 참 행복하구나! 나도 다른 사람에게 따뜻한 기억을 남겨 줄 수 있는 사람이 되어야지!'라는 생각을 했어요. 가끔 이 기억을 떠올리면 하루 종일 기분이 좋아져요. 여러분은 언제 가장 행복했었나요? 행복했던 기억 떠올려 보시면서 최고의 날 보내시길 바라요. 감사합니다."

선생님께서 내 목소리에 에너지와 자신감이 생겼다고 칭찬해 주셨다. 보배님들도 내 발표가 편하고 여유로워졌다고 말해 주었다. 그날 수업 중에 선생님께서 해 주신 말이 생각난다.

'약간의 긴장은 더 열정적으로 말하게끔 해 주고 자신감 있어 보이게 만들어 줍니다.'

맞다. 불안과 긴장이 있기 때문에 우리는 거기에 대비하고 있는 거겠지? 그동안 긴장과 불안을 밀어내기만 했다. 그 떨림과 숨 막히는 느낌을 감당해 내기가 힘들었기 때문이다. 이제는 긴장과 불안을 당연한 것이라 받아들이고 인정해 주어야겠다.

나에게는 자기 계발을 열심히 하며 계획적인 생활을 하는 지인이 있다. 그녀는 직장 생활을 하면서도 새벽에 일어나서 열심히 공부한다. 매사에 똑 부러지고 당당해 보이는 그녀와 함께하고 싶었다. 그래서 나는 그녀가 있는 커뮤니티에 합류하였다. 이 커뮤니티에서는 새벽 시간에 온라인 줌에서 모여 자신이 하고 싶은 공부를 한다. 처음 회원이 된 나는 자기소개를 해야 했다. 나는 전날 저녁에 인사말을 적고 몇 번 연습을 했다. 가슴이 쿵쾅쿵쾅 뛰어 잠도 잘 못 자고 뒤척거렸다. 4시 30분에 일어나서 세수를 하고 줌에 접속했다. 100여 명 가까이 되는 사람들이 들어와 있었다. 음 소거를 한 후 긍정 확언을 하고 필사를 했다. 책을 읽으려고 펼쳤지만 머릿속에 들어오지 않았다. 그래서 나는 내가 해야 할 인사말을 손으로 한 번 써 보았다. 그러고 나니 6시가 되었다. 방장님이 나를 소개한 후 자기소개를 부탁했다.

"안녕하세요. 김태경입니다. 이곳에 오자마자 이렇게 저를 여러분에게 소개할 기회를 주신 운영진 여러분께 깊은 감사를 드립니다. 저는 경기도 시흥에 살고 있고 K 님의 소개로 참여하게 되었어요. K 님의 SNS에서 이 커뮤니티를 보게 되었는데요, 새벽에 온라인 줌에 모여서 본인이 하고 싶은 공부를 자유롭게 하는 곳이라고 말해 주었어요. 그 말을 듣자마자 좋은 습관을 들이기에 참 매력적인 공간이라는 생각이 들어서 바로 초대해 달라고 부탁했습니다. 저는 이 시간에 독서를 하면서 매일 책 읽고 글 쓰는 습관을 들이고 싶어요. 이렇게 꾸준히 자기 계발 하시는 여러분들을 알게 되어 무척 영광이에요. 앞으로 잘 부탁드리고요. 좋은 인연이 되어 오래오래 함께하면 좋겠습니다. 올해가 가기 전에 이곳을 알게 된 건 저에게 큰 행운이라는 생각이 듭니다. 내년에는 올해보다 더 많이 성장하고 변화한 여러분들과 저의 모습을 기대해 봅니다. 여러분들의 내일을 응원합니다. 감사합니다."

모두 박수로 나를 환영해 주었다. 내 얼굴이 빛이 난다며, 새벽에 세수하고 들어오는 건 반칙이라고 농담까지 하는 방장님이 정겨웠다.

연습을 많이 해서일까? 필사를 한 번 해 봐서일까? 나는 떨지 않고 편안한 마음으로 말을 할 수 있었다. 즉흥으로 하면 말이 자꾸 끊기고 더듬거리기도 했을 텐데, 그날은 말이 술술 나왔다. 스피치를 배우기 전과는 많이 달라진 내 모습이었다. 작은 성공을 또 하나 이루어 낸 뿌듯한 하루여서 종일 기분이 좋았다.

이제는 발표불안 스피치 수업 덕분에 발표가 조금 재미있어졌다. 내가 발표하고 난 후 다른 사람들이 '서론, 본론, 결론이 딱 떨어졌다', '조리 있게 말을 너무 잘했다', '긴장하고 있는 것이 조금도 느껴지지 않았다'라고 말해 줄 때는 자신감이 더 많이 올라갔다.

나는 요즘 발표불안의 부족한 점들을 채우려고 하나씩 노력해 가는 중이다. 스피치를 잘하기 위해서 실천하고 싶은 것이 두 가지 생겼다. 첫 번째는 스토리텔링을 해 보는 것이다. SNS에 글을 쓸 때나 일기를 쓸 때 적용해 볼 생각이다. 지금까지는 자유롭게 썼다. 이제부터는 주제를 생각하고 스토리를 넣고 의미를 부여해 볼 것이다. 두 번째는 기회가 왔을 때 고민하지 않고 꽉 붙잡는 것이다. 발표를 해야 할 자리가 생긴다거나, 무대에 올라가서 스피치를 할 기회가 온다면 놓치지 않을 것이다. 두려움과 떨림은 잘 다독이고 용기에게는 힘을 줄 것이다. 그렇게 하다 보면 나도 모르는 사이에 말을 잘하는 사람이 되어 있을 것이다.

스피치를 배우면서 또 하나 느낀 게 있다. 스피치는 발표할 때만 중요한 것이 아니라는 것이다. 우리의 일상에 모두 녹아들어 있다. 스피치를 배우면서 가족이나 친구에게 내 마음을 잘 전달할 수 있게 되었다. 상대가 서운해할까 봐 소심하게 얼버무리며 말하던 나는 이제 없어졌다. 이제는 내가 하고 싶은 말을 논리 정연하게 할 수 있다. 내 생각을 효과적으로 전달하다 보니 오해가 생기지도 않는다. 스피치를 통해 나의 자존감은 높아졌다. 표정과 행동에도 자신감이 넘치니 더 당당해졌다. 다른 사람의 말을 경청하고 공감해 주는 기술도 늘어났다. 나의 하루는 긍정으로 시작하고 감사로 가득하다. 내가 원한다면 매일매일 행복할 수 있다.

'글'이라는 생명을 불어넣어 '말'로 탄생시키는 삶 (박지연)

저마다 선호하는 대화 방식은 다르겠지만, 나의 경우는 말로 전달하는 방식을 선호한다. 비대면이 불가피한 상황을 제외하고는, 대개 상대방의 얼굴과 표정을 바라보며 대화를 나누는 편이다. 휴대 전화를 이용한 대화도 마찬가지다. 메시지보다는, 표정을 입힌 음성을 들을 수 있는 통화를 택한다. 메시지의 경우 간결하게 써서 전달해야 하는 경우가 많고, 장문인 경우는 입력 시간도 꽤 소요된다. 다양한 이모티콘과 자음을 추가하지 않으면 세세한 감정을 전달하기도 쉽지 않다. 상황이 여의치 않아 단답형으로 보낼 경우, 상대방이 내 의도를 오해할 때도 더러 있다. 처음부터 통화로 소통하면, 수화기 너머 감정까지 교류할 수 있어, 원활한 대화를 진행할 수 있다.

2021년 가을. 유대인의 전통적 학습 방법인 '하브루타' 자격증 취득을 위해 만난 이들과 〈나는 나를 사랑해서 책을 쓰기로 했다〉는 책을 출간했다. 일 년 뒤, 2022년 가을. 단독 저서로 〈역마살 엄마의 신호등 육아〉를 출간했다. 〈대통령의 글쓰기〉의 강원국 저자가 어느 칼럼에서, 고령 사회에서 책은 명함 같다고 언급한 글을 본 적 있다. 그런 명함 같은 책 한 권을 쓰겠다는 목표를 향해 달렸지만, 글로 표현하는 것은 말과는 사뭇 달랐다. 지나친 감정, 군더더기 표현, 반복은 줄이거나 생략해야 했다. 하고자 하는 이야기를 최대한 간결하고 담백하게 담아야 하니, 두서없이 써 내려간 초고는, 몇 번의 퇴고를 거칠 때마다 분량이 줄어들었다. 희노애락애오욕(喜怒哀樂愛惡欲)이 담긴 글을, 말과 함께 전할 수 있다면. 김미경, 설민석, 강원국 작가처럼 글도 잘 쓰고 언변도 뛰어나면 좋겠지만, 그럴 역량이 부족한 무명 작가라 오로지 글에만 승부를 걸어야 했다. 20개월 터울의 두 아이를 맞이하며 울고 웃던 이야기, 우울감에 상담 센터를 다닌 사연, 육아 고충에 짓눌려 고무장갑을 낀 채로 싱크대 밑에 쪼그리고 앉아 눈물 삼키던 날들, 두 아이를 유치원에 보내며 가지게 된 뭉게구름 같던 나만의 시간, 미취학 아이들을 데리고 한 달 동안 훌쩍 떠난 여행, 팔랑귀 엄마가 되어 사교육 시장에서 정보 쇼핑을 하며 수많은 갈등을 마주한 일, 코로나 키즈라는 이유로 두 아이의 유치원 졸업과 초등학교 입학식을 경험하지 못한 사연 등. '글'이라는 텍스트에 '말하기'라는 오디오를 더할 수 없음이 안타까웠다.

개인 저서를 출간하고 나면, 내 삶에 거센 파도가 몰아칠 줄 알았다. 공저 책 출간을 통해, 그런 일은 내 안에서만 존재함을 알았음에도 희미한 한 줄기 빛이 비치기를 바랐다. 〈신호등 육아〉라는 제목처럼, 초록 불이 선명하게 깜박일 줄 알았건만 출간은 종착역이 아닌 '홍보'라는 환승역이었다. 스스로 택한 일이기에, 누구를 향해서도 한숨 쉴 수 없었다. 1인 기업처럼 고군분투했다. 성격이 다른 SNS의 종류에 맞는 홍보 문구를 만들고, 특정 기간을 설정해서 업데이트했다. 서평단을 모집하고 후기도 관리했다. 여기저기 무료 강의도 진행하는 등 계획한 목표치를 향해, 하루하루 부지런히 걷고 달렸다. 간절함이 닿았던 걸까. 한 달 후부터, 독서 관련 모임이나 기관에서 강의 의뢰가 들어왔다. 주어진 시간은 대략 한 시간 정도, 참석자의 대다수는 경력이 단절된 주부들이었다. 책에 대해서는 간단하게만 언급하고, 퇴고 과정에서 잘라 버린 군더더기 경험담을 주로 전했다. 놀이터에서 영혼 없는 날들을 보낸 이야기, 지적과 판단 능력이 떨어지며 세상에 혼자 덩그러니 남겨진 듯했던 이야기, 가정에서 생긴 불화와 갈등으로 힘들었던 이야기, 친정 부모님 속상하실까 봐 혼자 속을 앓던 이야기, 육아와 살림 어느 하나 제대로 하지 못하는 와중에도 '나'를 찾겠다고 배움의 우물을 파기 시작한 이야기 등 다양한 소재를 이야기했다. 누군가는 고개를 끄덕이기도 하고, 다른 누군가는 눈시울이 차오르기도 했다. 힘든 순간의 양만큼, 가지고 있던 행복한 순간도 나누었다. 엄마들과 대화를 주고받을 때마다 지난날의 내가 겹쳤다. 힘듦에 한탄하며 한없이 무너지기보단, 아이 덕분에 글을 쓰며 성숙한 인격체로 성장하는 중임을 전했다. 내 아이의 네 살, 다섯 살은 두 번 오지 않으니 많이 안아 주고 예뻐해 주자고 격려했다. 따스하게 다가오는 봄날을 떠올리며, 엄마라는 옷도 가벼운 외투로 갈아입고, 우리의 삶을 찾아 나서자 덧붙였다.

글로도 하고자 하는 말을 전할 수 있지만, 표정까지 입히기는 쉽지 않다. 그 글을 해석하는 상대방의 주관적인 느낌, 감정, 직관도 저마다 다르다. 그러한 과정에서 생기는 잡음과 오해를 최소화하기 위해서 무엇을 할 수 있을까. 써 내려간 글에 말하기를 덧붙여 보자. 내 삶을 말한다는 건, 나를 알리는 것과 동시에 소통하고자 하는 신호다. 지금처럼, 지나온 길과 지나갈 길을 전하고 싶다. 백지에 '글'이라는 생명을 불어넣어 '말'로 탄생시키는 삶을 살아 보고자 한다.

설레는 미래를 향한 한 걸음
(이민정)

과거, 나는 조용하게만 지냈다. 어느 상황이든, 발표해야 할 것 같은 느낌만 들어도 고개를 숙였다. 발표불안이 정말 심한 사람이었다. 낯선 장소, 낯선 사람들과 함께 있으면 할 말도 생각이 안 나거니와 말을 하려고 시도도 하지 않았다. 발표 시간은 나에게 무척 불편한 시간이었다. 이런 불편함을 언제까지 피하고 지내야 할까?

그런데 사회생활을 하다 보니 낯선 사람과 이야기하는 것을 피할 수 없을 때도 있었다. 더 피하지만 말고 나도 내가 하고 싶은 말을 멋지게 말해 보고 싶었다. 그래서 스피치하고 멀게만 느껴졌던 내가 멘탈 파워스피치를 수강했고, 나 자신이 놀랄 정도로 이제는 다른 사람들 앞에서 제법 내가 하고자 하는 말을 한다.

최근 스피치 수강생분들과 오프라인으로 만나는 모임이 두 번 있었다. 스피치 강사님과 동료들의 오프라인 모임이었다. 온라인에서 사진으로만 봐 왔던 분들을 직접 만나는 자리였다. 오랜만에 화장도 하고 설레는 마음으로 모임 장소로 갔다. 택시를 타고 모임 장소로 이동하는 동안 기대와 설렘으로 가득했다. 모임 장소에 도착하였다.

다른 분들이 아직 도착을 안 했구나, 하고 테이블을 둘러보는데 낯익은 K 분이 보였다.

"안녕하세요. 스피치 수강생이시죠?"

"네, 반갑습니다."

내가 먼저 다가가 말을 건넨 것이다. 이럴 수가! 이 또한 변한 모습이다. 과거의 나였다면 긴가민가하면서 그냥 다른 자리에 앉아서 조용히 있었을 텐데 말이다.

인사를 나누고 서로 이런저런 이야기를 하며 다른 분들을 기다렸다. 시간이 조금 지나고 모두 한자리에 모였다. 다들 처음 보는 분들이었지만 반가운 마음이었다. 가볍게 인사를 나누고 테이블에 자리를 잡고 앉았다.

강사님께서는 처음 만나는 자리이니 자기소개를 하고 2023년 새해 계획을 말해 보자고 했다. 순간 긴장감이 들었다. 반가운 마음에 얼굴은 웃고 있었지만 무슨 말을 어떻게 해야 할지 몰랐다. 긴장되고 떨리려 할 때 드는 생각이 있었다.

"괜찮아. 민정아, 넌 할 수 있어."

다른 사람들은 내가 잘하고 못하는 것에 관심이 없다는 생각을 하니 할 수 있다는 자신감이 생겼다. 한 분씩, 자신을 소개하기 시작했다. 처음 보는 자리였지만 다들 막힘없이 이야기를 잘하였다.

이제 내 차례였다. 실전이었다. 스피치 수업 시간에 배운 내용을 떠올려 보았다. 의자를 뒤로 밀고 일어났다. 모인 분들을 둘러보고 인사를 하였다. 긴장감이 올라왔지만 두 손을 모으고 떨리지 않은 척 이야기를 이어 갔다. 2023년 새해 계획은 준비 없이 말하는 거라 처음 인사를 할 때만 해도 떨리는 감이 있었다.

그런데 말을 계속 이어 나가면서 조금씩 마음이 편안해졌다. 자기소개를 마치고 자리에 앉았다. 이 정도면 성공이었다. 해냈다는 생각에 자신감도 올라갔다.

그 뒤 두 달 후에 두 번째로 오프라인 모임이 있었다. 스피치 지역 모임이었다. 강사님께 스피치를 수강했다는 공통점이 있지만 처음 만나는 분들이었다. 약속 날 저녁이 되었다. 세 아이의 엄마인 나는 저녁에 외출한 일이 언제였는지 생각나지도 않을 정도로 오래전 일이었다. 저녁 모임이라는 것에 기분이 마냥 즐거웠다. 출발하기 전 강사님께서 보내신 문자가 도착했다.

"오늘 자기소개 준비해 오세요."

조금 전까지는 즐겁기만 했는데 걱정이 들었다.

연습할 틈도 없이 모임 장소로 이동했다. 내가 가장 먼저 도착하였다. 자리에 앉아 있는데 누군가가 문을 열고 들어왔다. 강사님이셨다. 강사님은 보자마자 반가워해 주셨다.

그 후 모임에 참여하시는 다른 분들이 들어오셨다. 인사를 하였지만 어색하고 낯설었다. 강사님은 PPT를 준비해 오셨다. 강사님께서 자기소개 발표 방법을 설명해 주셨다. 설명을 듣고 난 후 곧 자기소개 발표 시간이 되었다. 앞사람의 발표가 끝나고 내 차례가 되었다. 앞으로 나가 발표를 하였다. 낯설었지만 자신감이 있었다. 두 번째로 하는 자기소개 발표여서 더 자신이 있었던 것 같다.

발표가 끝나면 발표한 사람에게 칭찬 피드백을 해 준다. 오랜만에 칭찬을 듬뿍 받고 나니 내가 더 괜찮은 사람이 된 것 같았다. 나 자신을 더 사랑하자는 마음마저 생기는 시간이었다.

조금씩 발표불안을 극복하는 나 자신을 발견하고 있다.

그렇다고 날마다 완벽하게 잘하지는 못했다. 때론 아이들에게 큰소리칠 때도 있고 기분이 다운이 되는 날도 있었다. 매일 하던 긍정 확언과 미소 셀카를 하지 않을 때도 있었다. 수강생들이 함께 인증하는 단톡방에서는 나만 빼고 다 잘하는 것 같다는 생각도 들었다. 무슨 일이든 잘 풀릴 것 같던 자신감이 온데간데없어지고, 그렇게 며칠을 방황했다.

그런데 내 안에서는 다시금 긍정의 에너지를 느끼고 힘을 내고 싶다는 소망이 올라왔다. 다시 나는 긍정 확언을 외치고 미소 셀카를 찍기 시작했다. 그리고 단톡방에 매일 인증을 했다. 신기하게도 긍정 에너지가 다시 채워졌다. 안 좋은 일이 있어도 기분이 가라앉는 날에도 긍정 에너지를 금방 회복할 수 있었다. 나는 세 아이를 키우는 엄마다. 아이들을 챙기다 보면 내 시간을 갖기도 쉽지 않고 수업을 듣는 것 또한 쉽지 않다. 저녁 시간에 줌으로 하는 수업이나 특강이 있는 날이면 더더욱 쉽지 않다. 이런 날은 남편의 도움이 참 감사하게 느껴진다. 시간이 안 되니까, 아이들이 있으니까……. 이런저런 핑계로 시도조차 안 했던 적도 있다. 그러나 이제는 '나는 못 해.'라는 생각이 아닌 '할 수 있어, 해 보자.' 이렇게 생각하게 되었다.

과거에는 내 생각을 말한다는 것이 이렇게 중요한지 몰랐다. 발표는 피해 다니려고만 했다. 내 생각과 내가 하고자 하는 말을 당당하게 할 수 있게 되면서 내면까지 단단해졌다. 노력하고 도전하는 마음이 생겼다. 앞으로 내가 하고 싶은 꿈도 생겼다. 꿈을 향해 도전할 것이다. 그림을 좋아하는 나는 그림 작가가 되고 싶다. 나의 그림을 보고 사람들이 힐링이 된다고 말할 때 기분이 좋다. 나의 그림을 영상으로 만들어서 유튜버로도 도전할 것이다.

이제 인생 100세 시대라는데 언제까지 남 뒤에서 숨어만 지낼 것인가? 당당한 모습으로 용기를 갖고 내가 하고자 하는 것을 표현할 것이다. 앞으로의 나의 미래가 기대되고 설렌다.

휴먼북, 사람이 책이다
(이석경)

나는 30년 오직 한 길만을 살아온 간호사이다. 정신전문간호사를 수료했고, 지금은 요양원에서 근무하고 있다. 어르신들을 보살펴 드리며 간호 처치, 간호 관리도 한다. 보호자 상담과 직원 상담도 한다. 일 대 일 보호자 상담에서는 무슨 문제는 없는지, 그들의 말을 잘 들어 주면서 문제 해결도 돕는다.

상담 요청이 오면 내가 알고 있는 경험을 바탕으로 보호자들이 궁금해하는 사항을 사례를 들어 진술하게 설명해 드린다. 문제점을 경청하고 방향도 제시해 드린다. 그리고 시설을 보여 주면서 이곳저곳 안내도 해 드린다. 상담을 차분하고 설득력 있게 잘한다는 말을 듣는다.

그러나 강의는 다르다. 여러 사람 앞에서 이야기를 해야 되기 때문에 모든 시선이 나에게 집중된다. 내가 하고 싶은 이야기보다 청중이 듣고 싶은 이야기를 해야 한다. 눈과 눈을 마주 바라보며 청중과 공감대를 형성하고 신뢰감을 쌓아 라포 관계를 이루어야 한다.

나는 보배지기님이 이야기한 "사람이 책이다"라는 '휴먼북(사람책)'이라는 말을 참 좋아한다.

"사람이 온다는 건 실로 어마어마한 일이다. 그는 과거와 현재와 그리고 그의 미래와 함께 오기 때문이다. 한 사람의 일생이 오기 때문이다."라는 전현종 시인의 '방문객'이라는 시를 좋아한다. 낯선 사람과 만남이나 낯선 환경에서 발표도 한 사람 한 사람이 책이고 나 또한 책이라는 마음으로 편안하게 접근해야 한다. 그렇게 나의 과거를 한 장 한 장 읽을 수 있도록 해야 한다.

이것이 휴먼북이다. 자연스럽게 제스처를 하며 당당하고 부드럽게 청중에게 다가서야 좋은 첫인상을 남기며 이야기할 수 있다.

스피치를 배울 때 온라인으로 강은영 강사님을 만났다. 오프라인에서도 뵙고 싶었던 열정 강사 강은영 선생님과 스피치를 함께했던 보배님들. 모두 보고 싶었다. 처음부터 스피치 멤버들이 변화하는 과정을 지켜보았기 때문에 정말 보고 싶고 만나고 싶었다. 그런데 정말로 오프라인 만남을 한다고 한다. 그날은 근무 날이었지만 근무를 바꿨다. 보고 싶은 마음에 대전으로 달려갔다. 너무 반가웠다. 역시 열정 가득한 강은영 선생님이고, 우리 보배님들이다.

온라인에서뿐만 아니라 오프라인에서도 자연스럽게 스피치 모임이 시작되었다. 온라인에서는 그냥 앉아서 말을 하였지만, 오프라인에서는 자세까지 체크를 하였다. 그 전날에 배운 건배사로 나는 스피치를 시작했다.

첫째, 자기소개를 한다. "안녕하세요. 열정과 사랑을 지닌 이석경입니다." 둘째, 감사의 말을 한다. "오늘 이 자리를 마련해 주신 강은영 강사님께 감사 인사를 드립니다." 셋째, 건배사를 한다. "우선 잔을 채워 주시길 바랍니다. 술을 못 드시는 분은 물이나 음료수라도 채워 주시길 바랍니다. 잔은 자기 시선 높이로 들어 주시고요. 오늘 제가 할 건배사는 '오징어'입니다." 사람들은 다시 한번 물어봐 준다. 뭐라고 한다고요? 누군가 "오징어요."라고 말한다. "여기서 '오징어'는 '오랫동안 징그럽게 어울리자.'라는 뜻입니다. 제가 '오징어'라고 하면 여러분은 '오징어, 오징어, 오! 징! 어!'라고 외쳐 주시길 바랍니다." 하면서 박수를 유도했다.

온라인 못지않게 오프라인 스피치 또한 시간 가는 줄 모르게 이어졌다. 오래도록 함께 어울리고 싶어 오징어라는 건배사를 하였고 아쉬움이 많이 남았지만, 다음을 기약해야만 했다.

스피치를 통해 나는 많이 성장했다. 나와 똑같이 발표불안이 있는 사람들에게 나는 가르쳐 주고 싶다.

첫째는 자신을 먼저 사랑하는 '나사랑'. 둘째는 돈을 부르는 말버릇. 부정적인 언어보다 긍정적인 언어를 쓴다. 뭘 해도 안 풀린다면 지금 당장 말버릇부터 바꾸라고 한다. 내가 하는 말 한마디 한마디로 인해 좋은 일과 감사한 일들이 눈덩이처럼 생긴다는데 망설일 이유가 없다. 나는 사람들에게 말버릇부터 바꾸라고 한다.

셋째, 감사 일기를 쓴다. 감사에도 종류가 많다. 나 감사, 지금 감사, 하루 감사, 존재 감사, 있다 감사, 불평 감사, 상처 감사, 시련 감사, 미리 감사, 축복 감사, 나눔 감사, 100 감사, 억지라도 감사, 미워도 다시 감사, 이래서 감사, 저래서 감사. 모든 것에 다 감사함을 붙이다 보니 감사한 일이 많아진다.

발표불안은 내면의 문제로 생기는 경우가 대부분이다. 그래서 스피치는 직접 만나서 문제를 해결하는 오프라인만 생각했는데, 온라인으로도 충분히 발표불안 스피치를 배울 수 있고 해결할 수 있었다. 나 또한 발표불안이 있고 열등감이 있었다. 자존감은 낮았고 자신감도 부족했다. 누가 뭐라고 한마디만 하면 주눅이 들어 고개를 푹 숙이고 멘탈이 자주 나갔다. 스스로에게 '넌 못하는 사람'이라고 얘기했다. 고개 숙이고 있는 나에게 이제는 이런 말을 해 주고 싶다.

"석경아! 넌 열심히 살아왔고 앞으로도 잘 살 거야. 고개 숙이고 다니지 말고 누가 뭐라고 하면 당당하게 너의 의견을 말해. 기죽지 말고 할 말은 하고 살아라. 지금은 간호사지만 매일 긍정과 열정 에너지를 받으며 살고 있으니 앞으로 너만의 꿈을 찾고 그 꿈을 이루며, 하고 싶은 일을 하고 살아라."

나는 강사가 되고 싶어서 발표불안 스피치에 합류했다. 이곳에서는 멘탈을 강화하고 내면의 상처를 치유하기 위해 매일 아침 긍정 확언 자기 암시문으로 아침을 연다. 이 긍정 확언문 덕분에 셀프 치유자로서 매일 행복을 느끼며 살고 있다. 자신감이 생기니 삶의 활력도 느낀다. 같이 근무하는 사람들이 그런 에너지가 어디서 나오냐며 놀랄 때도 있다. 스피치를 배우고 나니 자신감과 표정, 시선, 손동작, 발동작 등도 자연스러워졌다.

혹시 발표불안으로 힘들다면 긍정적 사고와 감사의 힘으로, 그리고 셀프 리더십을 키우는 전략으로 자신을 사랑해 보길 바란다. 자존감을 회복하는 길이 발표불안을 극복의 길이다.

지금 나는 발표불안에서 벗어나 잘살고 있다. 여러분들도 벗어날 수 있다. 내가 했으면 누구나 다 할 수 있다.

너와 나의 삶이란
(최향미)

중학교 때부터 아르바이트로 옷 공장에 다녔다.

친구와 나는 그 공장을 '불탄 공장'이라고 불렀다. 불탄 그을음이 까맣게 남은 외벽 건물, 깨어진 유리창 그 사이로 눈부신 햇살이 들어왔다. 여름에는 두꺼운 패딩 옷을 작업했다. 옷을 여러 개 들고 나르면 땀이 등을 타고 주르륵 흘러내렸다. 옷의 실밥을 자르고 10시간 내내 패딩 치수를 분류하면 내 손에 단돈 만 원을 주었다.

어느 날 공장장님이 불렀다. 내게 스팀다리미질을 하라고 이야기하셨다. 천장에 매달려 하얀 연기를 끊임없이 뿜어내는 스팀다리미는 어른들도 하기 힘들고 위험해서 꺼렸다.

나는 잘 울지 않는 아이였다. 울어도 돌봐 줄 사람이 없다는 걸 어렸을 때 어렴풋이 깨달았다. 그런 내가 그때 참고 있던 서러움에 주저앉아 눈물을 흘렸다.

"그 어린것이 위험한 다리미질을 어떻게 한다고. 다른 사람들도 있는데 그러면 안 되지!"

공장에 있던 어느 아주머니의 성난 목소리로 그 일을 하는 건 막을 수 있었다.

어릴 때 이미 세상이 호락호락하지 않고 어렵다는 것을 알았다.

꿈은 저 멀리 다른 세상 이야기 같았다.

결혼하고 아이를 낳고 마흔이 넘어서야 세상을 향해 어린아이처럼 꿈을 꾼다. 나는 이제 꿈이 생겼다. 아이에게 좋은 엄마가 되고 싶다. 아이에게 글을 쓰는 멋진 엄마도 되고 싶다. 나의 장점은 실패하고 쓰러져 좌절해도 다시 일어나 계속 도전하는 것이다. 새벽 5시 30분에 눈 비비고 일어나 미라클 모닝, 새벽 독서, 하루 30분 운동, 명상하는 삶.

나는 이루고 싶은 꿈이 있다. 그 꿈을 이루어 나처럼 힘든 사람들을 도와주는 삶을 살아가고 싶다.

그런 내게 발표는 힘든 도전이었다. 자기 계발을 하면서 뒤에 숨어만 있던 나 자신을 드러내야 했다. 사람들 앞에 서서 말을 해야겠다고 생각하면 낭떠러지 끝에 서 있는 기분이 들었다. 극한 두려움과 공포를 느끼며 내 안의 불안과 싸워야 했다. 몇 달 동안 많은 스피치 연습과 확언, 나사랑 명상, 멘탈 파워스피치 수업 등을 반복하면서 이젠 사람들 앞에서도 떨지 않고 발표하는 내가 되었다.

그러나 나 혼자 변하는 삶은 의미가 없었다.

사랑하는 아이가 어린이집과 유치원 선생님들에게 의사 표현을 하지 않아 마음이 힘들었다. 선생님이 질문하면 말을 못 하고 그 자리에서 돌처럼 굳어 버리는 증상이 있었다. 4살 때부터 시작된

현상이 6살 때까지 이어졌다. 단짝 친구와는 말을 했지만, 선생님에게는 한마디 말을 하지 않았다. 아이의 불안하고 두려운 마음을 도와주고 싶었다. 나는 감정 코칭을 공부하고 2급 자격증을 땄다. 유치원 선생님들을 찾아다니면서 상담 때마다 도움을 요청했다.

그리고 어느 날. 아이가 말을 하기 시작했다.

2년 6개월 만에 일어난 기적 같은 변화였다. 아이를 있는 모습 그대로 인정하였다. 어른들에게 말을 잘 못 한다고 해서 어딘가 잘못된 것은 아니었다. 조금 불편할 뿐이다. 선생님들과 말하기 연습을 통해 조금씩 선생님의 질문에 대답하기 시작했다. 다른 많은 노력들이 있었지만, 특히 아이 스스로 충분히 해낼 힘이 있다고 믿어 주기 시작하자 달라지기 시작했다. 아이는 어른들에게 말은 잘 못 했지만, 선생님께 칭찬을 많이 받았다. 친구들에게 배려심도 깊고 집중력도 뛰어난 밝고 사랑스런 아이였다.

무엇보다도 아이의 내성적인 면을 그대로 인정해 주고 그저 사람마다 성격이 조금씩 다를 뿐이라고 생각했다. 그때부터 아이의 장점이 더 많이 보이기 시작했다.

'시연아 넌 세상에서 가장 소중하고 반짝반짝 빛나는 엄마의 보물이야.'

'가장 소중한 건 자기 자신이야.'

아이에게 자신을 가장 많이 사랑해야 한다고 말한다. 자신을 사랑하는 사람이 다른 사람에게 사랑을 줄 수 있다는 말처럼 나도 스스로 많이 사랑하기 시작하자, 아이에게 더 많은 사랑을 줄 수

발표불안은 어떻게 명품 스피치가 되는가

있었다.

아이는 엄마가 강의 연습을 하는 것을 보면, "엄마는 발표가 1등이야! 우리 엄마가 세상에서 발표 제일 잘해."라고 말한다. 그런 아이에게 잘 못 해도 계속 노력하고 연습하다 보면 어느 순간 잘할 수 있다고 말해 주었다. 계속 노력하고 꾸준히 나아가면 어느 순간 성장한 자신을 마주하게 된다.

유치원을 마치고 집에 돌아오는 길에 아이가 나의 손을 잡고 신이 나 폴짝거렸다.

"우리 시연이, 오늘 많이 신났네! 무슨 좋은 일 있었어?"

"엄마, 오늘 유치원에서 발표할 사람, 할 때 손 번쩍 들었어. 그리고 내가 발표했어. 나 잘했지?"

아이의 함박웃음을 보며, "그래 잘했어. 손드는 게 가장 중요한 거야. 인생도 그래. 그건 용기거든. 뭐든 할 수 있다고 생각하면 시연이는 정말 다 해낼 수 있어." 하고 말했다.

요즘 나는 나에게 좋은 것들을 많이 해 주려고 한다. 명상, 음악, 독서. 나를 있는 그대로 사랑하고 진정으로 아끼는 사람이 되어가고 있다. '좀 못해도 어때, 다음에 잘하면 되지. 난 할 수 있어.' 이렇게 다짐한다. 나사랑은, 특히 '나를 사랑하는 일'은 내 삶의 연료가 되었다. 불가능하다고 믿었던 일을 포기하지 않고 계속 도전하도록 이끌어 줬다.

우리 안에는 뭐든 해낼 수 있는 힘이 있다.

나는 아토피가 있는 사람을 도와주는 삶으로, 또 글을 쓰는 작가로 꿈꾸던 일들을 하나씩 이루어 나아가고 있다. 모두 함께 행복하게 살아가는 세상을 꿈꾼다.

딸을 보며 선생님들은 이야기한다.

"시연이는 내면이 보석같이 단단하고 예쁜 아이예요."

선생님께 인사도 잘하고 표정도 밝고 발표도 잘한단다. 친구들과도 신나게 잘 논다고 한다. 놀이터에서 아이가 친구들과 해맑게 웃으며 이야기한다.

"오늘 친구랑 놀았는데 재미있었어."

"나는 엄마가 세상에서 제일 좋아."

나도 아이도 사람들 앞에서 두려워하지 않고 이야기할 수 있는 삶을 살아가고 있다. 긍정적으로 바라보기 시작하자 모든 것이 달라 보였다. 작은 것에도 감사하게 되었다. 세상의 아름다움을 느끼고 다른 사람에게 공감하며, 행복한 삶을 살아간다.

이것이 출발점이 될 것이라는 강력한 느낌이 들었다. 나는 이제 말을 하는 것이 두렵지 않다. 물론 가끔 겁이 날 때도 있다. 그러나 그 상황을 피하지 않고 당당하게 바라보려고 한다. 내가 사람들 앞에서 말할 수 있다는 것은 내 삶에서 더는 두려움을 지니지 않겠다는 뜻이다. 긍정적으로 이 삶을 바라보겠다는 내 삶의 의지이자 태도다. 이제는 세상을 즐겁고 행복한 곳, 행운이 가득한 곳으로 바라볼 수 있다. 행운이 가득한 이 세상에서 나는 더 많은 도전을 할 것이다.

그리고 또 다른 기적을 만들어 나갈 것이다.

마치는 글

💬 강은영

발표할 때 절대 떨면 안 된다고 생각했고 심장이 빨리 뛰면 큰일 나는 줄 알았다. 지나고 보니 어떤 큰일도 일어나지 않았다. 모든 걱정과 불안은 내가 만들어 낸 허상이었다. 마음의 원리를 알고 나서 불안을 컨트롤할 수 있었다. 과거에는 발표불안 '때문에'라는 말을 많이 했다. 지금은 '덕분에'라는 말을 한다. '때문에'라고 생각하면 걸림돌이 되지만 '덕분에'라고 하면 디딤돌이 된다. 관점만 바꿨을 뿐인데 불안을 대하는 태도가 달라졌다. 만약 지금 발표불안 때문에 고민이 있다면 나의 경험이 도움이 되길 바란다. 당신도 반드시 극복할 수 있다

💬 강이청

처음 글쓰기 제안을 받았을 때, 할 이야기는 많지만 망설였습니

다. 시간도 없었습니다.

새로운 경험을 해 보기로 했습니다. 과거의 어린 나와 마주하고 화해하며, 다독여 주고 칭찬해 주었습니다. 나를 더 많이 이해하고 사랑해 주었을 때 단단해질 수 있습니다. 이 책을 읽고 나면 알 수 있을 것입니다. 발표불안은 과거와 지금의 내가 연결되어 있다는 것을. 나의 힘든 상황들은 곧 나의 힘이며 성공으로 가는 디딤돌이라는 것을 반드시 기억하세요.

💬 김경희

발표불안은 어릴 적 나의 아픔과 그로 인해 무너져 내린 자존감이 만나 만들어진 나의 상처였습니다. 책을 집필하면서 마음이 가난했던 유년과 실패했던 대화 경험을 되짚어 보게 되었습니다. 이미 할퀴어진 상처를 마주한다는 것이 스스로에게 대단한 도전이었습니다. 종류는 달랐지만 그 속에서 닥친 어려움을 지금의 나라면 어떻게 극복해야 했을지 고민하며 글을 써 내려 갔습니다. 어떻게 나를 주체적으로 끌고 갈 수 있는지를 배운 저는 이번 프로젝트를 마치며 더 좋은 사람이 되기 위한 새로운 여정으로 향합니다.

💬 김소진

불안은 도망가면 더 커지고 마주 보고 맞서면 작아진다고 했다. 실체가 없는 불안을 이제 똑바로 바라보기로 했다. 어떤 불안도 그것을 대하는 태도에 따라 결과가 달라진다. 처음은 모두가 어렵다. 하지만 이겨 낼 수 있다고 생각하고 연습과 연습을 반복하다 보면 언젠가 휘파람 불며 할 수 있는 날이 온다. 여기 발표불안 극복 경험의 이야기로 누군가에게 위로가 되고 힘이 되기를 바란다. 언제나 무한 긍정의 힘을 넣어 주신 멘탈 파워스피치 강은영 대표님, 감사합니다.

💬 김수아

무작정 연습만 한다고 해서 발표불안이 나아지지 않는다. 발표불안 해소를 위해서는 보이는 기술보다 자존감 훈련이 먼저다. 나 스스로를 인정하고 사랑했다. 그러자 그 수많은 불안 증상들이 거짓말처럼 사라졌다. 할 수 있다. 할 수 있다. 할 수 있다. 될 때까지 외쳤다.

스피치는 자신감이다. 결국 나는 해냈다! 이 글을 읽는 당신도 반드시 할 수 있다. 오늘도 나는 단 한걸음의 성장을 할 것이다. 이렇게 모은 '성공 마일리지'를 더 큰 성장에 쓰려 한다!

💬 김태경

누구나 당당하고 행복하게 살아갈 권리가 있다. 내 삶을 어떻게 살아갈지는 스스로 결정하는 것이다. 성취한 사람들을 부러워만 하고 시도하지 않으면 아무런 변화도 일어나지 않는다. 나는 간절히 원했고 먼저 행동으로 실천했다. 첫걸음을 떼는 것이 힘들었지만 용기를 내서 시도했다. 무슨 일이든 처음이 어렵지 두번째 걸음부터는 가벼워지고 빨라질 수 있다고 믿었기 때문이다. 나는 불안하고 두려웠던 마음이 성취로 바뀌는 뿌듯함을 느꼈다. 지금은 발표불안을 극복하고 당당하고 자신감 넘치는 삶을 살고 있다.

💬 박지연

발표불안의 해결 방법 중, 상황을 피하는 것을 택하기도 했습니다. 더 나은 내가 되기 위해 한 걸음, 두 걸음 걸으며 떨림, 불안, 긴장의 발표불안 3종 세트와 맞짱 뜨려 합니다. 반복 연습, 모의 훈련, 유산소 운동으로 나만의 극복 방법을 설계하고, 일상에서부터 기반을 잡기 위한 훈련을 시작했습니다. 떨리면 떨리는 대로, 불안하면 불안한 대로, 긴장하면 긴장하는 대로, 있는 그대로의 '나'를 보여 주며 조금씩 나아지는 중입니다.

💬 이민정

어린 시절부터 남들 앞에 나서는 것이 무척 긴장되고 힘들었었다. 피하려고만 하고 부딪혀서 극복하려고는 하지 않았던 나였다. 발표불안 극복 스피치를 배우면서 나의 모습을 있는 그대로 사랑하고 존중하게 되었다. 자존감이 높아졌고 할 수 있다는 용기가 생겼다. 그림을 좋아하는 나는 그림 작가로의 또 다른 꿈도 생겼다. 나처럼 남들 앞에 서기 힘든 분들이 있다면 나의 이야기가 힘이 되었으면 한다. 숨겨둔 본인들만의 재능들을 꺼내서 사람들에게 보여 줄 수 있었으면 한다.

💬 이석경

발표불안이 된 실마리를 찾아보았습니다. 어릴 때부터 착한 아이로 자라면 좋은 줄 알았는데, 자신감이 부족해서 큰소리만 나도 주눅 들어 살았습니다. 이제는 열정 강사 강은영 강사님을 만나 발표불안에서 벗어나 잘 살고 있습니다. 긍정적 사고와 감사의 힘으로, 그리고 셀프 리더십을 키우는 전략으로 나를 사랑하고 나를 관찰합니다. 미션과 비전을 설정하며 나를 위해 보상도 해 주므로 자존감을 회복하는 것이 발표불안 극복의 길입니다.

발표불안은 어떻게 명품 스피치가 되는가

💬 최향미

발표불안으로 힘들었던 저와 제 아이의 울고 웃던 삶을 이곳에 담았습니다. 지금도 제가 발표를 아주 잘한다고는 할 수 없지만 이젠 사람들 앞에서 당당히 하고 싶은 말은 하고 살아갑니다. 누구나 충분히 발표불안을 극복할 수 있습니다. 저도 발표불안을 극복하고 지금은 아이와 행복한 삶을 살고 있습니다. 말하기가 힘드신 분들과 아이가 내성적이라 고민이 많으신 분들에게 이 책이 도움이 되었기를 바랍니다. 이 책을 읽어 주셔서, 또 제 삶의 한 부분에 함께해 주셔서 감사합니다.